Christof Wackernagel

Politik des Traums

Kunstwerk Traum – Schlüssel zur Utopie

Lektorat: Sylvia Sangare-Mollet / Miriam Marie Hirschauer / Jan Frédéric Hilgers
Umschlaggestaltung und Satz: Germano Wallmann · Gronau · geisterwort.de
Druck: BoD – Books on Demand GmbH · Norderstedt · bod.de

ISBN 978-3-86674-620-6

Bibliografische Information der Deutschen Nationalbibliothek
Die Deutsche Nationalbibliothek verzeichnet diese Publikation in der Deutschen Nationalbibliografie; detaillierte bibliografische Daten sind im Internet über <http://dnb.dnb.de> abrufbar.

Inhalt

Vorbemerkung

Dieser Text ist keine psychoanalytische, philosophische oder kunsthistorische Abhandlung, sondern, wie sein Gegenstand, der Traum, eine Assoziationskette aus mit Traumerfahrungen belegten Thesen, Reflexionen und Fragen. Sie unterscheidet sich von anderen Arbeiten zum Phänomen Traum dadurch, dass sie den Traum als Kunstwerk und damit als Gesellschaftsbild versteht. Dies vorausgesetzt, wird der Traum als Quelle der Kunst und somit die Quelle der Utopie neu gedacht.

Die ungeheuren schöpferischen Potenzen jedes Menschen, die sich im Traum zeigen, erweisen sich als Bedingung der Möglichkeit zur Verwirklichung der Utopie. Utopie ist als *Noch*-nicht-Ort genauso wirklich und unwirklich wie der Traum. Die Politik des Traums ist Ausdruck seiner Intention, im Wachen Wirklichkeit zu werden. Ziel der Politik des Traums ist, seine Zustandshoheit im individuellen Unbewussten ins kollektiv Bewusste zu überführen.

Die folgenden Traumauszüge, an denen entlang diese Assoziationskette sich entwickelt, könnten von jedem Menschen stammen. Sie stellen neben der psychischen Befindlichkeit eines Einzelnen die Verfassung der Gesellschaft dar, in der individuellen Form jedes – von seiner sinnlichen Wahrnehmung geprägten – Träumenden. Träume nicht nur als Psycho-, sondern auch als Soziogramme.

Eine mögliche Bedeutung, gar Botschaft der Träume ist nicht Gegenstand dieser Betrachtungen. Die folgenden Assoziationen beziehen sich nicht darauf, was der Traum sagen könnte oder bedeuten, sondern darauf, was er darstellt; die subjektive Interpretation dieser Darstellung ist, wie bei jedem anderen Kunstwerk, nicht identisch mit seiner – gar objektiven – Bedeutung. Der Traum ist selbst die Botschaft und kommt in seiner eigenen Sprache zur Geltung, der Sprache der Intuition.

Die Sprache des Traums äußert sich in den Sinnen. Die Bilder, Situationen und Formulierungen der Traumsprache kommen als Stimmungen zur Geltung. Diese Stimmungen sind die ›Werkmeister‹ der Politik des Traums, sie erzeugen seine Wirkung.

Deshalb richtet dieser Text seinen Fokus auf die durch Träume erzeugten Stimmungen, nicht auf die in Träumen gesehenen Bilder oder erlebten Situationen. Wie im Folgenden genauer erläutert – und in den dieses Buch begleitenden »Traumprotokollen«[1] an unzähligen Beispielen empirisch nachverfolgt –, sind Bilder und Situationen austauschbar: verschiedene Bilder und Situationen können gleiche Stimmungen erzeugen.

Diesen Umstand können die Leser in der im Wachen stets präsenten Folgeerscheinung des Traums wiedererkennen: dem Kunstwerk.

1 Wackernagel, Christof: »Traumprotokolle 1978–2020« Bd. 1–3. Springe: zu Klampen, 2020.

Politik des Traums

Träume sind Kunstwerke:
– in Hafendocks unterwegs mit einer Frau, die einen Großbriefumschlag mit leuchtendem Rand in der Hand hat, der gleichzeitig das längste und schmalste viereckige Haus der Welt ist; wir sind im ersten Stock einer Wohnung darin, und flüssiges, bläuliches Licht erleuchtet die Ränder des Briefumschlags in Form dieses Hauses wie eine Leuchtspur –
– Träume sind fantastische Schöpfungen aus allen Sparten der Kunst.

Träume sind keine Ergebnisse von Denkprozessen, sondern Verwandlungen komprimierter physischer und psychischer Befindlichkeiten in neue Zustandsformen.
Sie erscheinen als maßlose Ausgeburten befreiter Wünsche und Ängste.

Sie verbreiten sich als ziellose Entfaltungen losgelassener Glücks- und Unglücksgefühle.

Sie überwältigen als grenzenlose Ausbrüche entfesselter Lust und entborgenen Schmerzes –

Träume sind Gesamtkunstwerke:
– aus engen Sackgassen befreit, und nachdem jedes Weiterkommen zu einer lebensgefährlichen Unternehmung wurde, gehe ich zusammen mit zwei Frauen und einem Mann einen schneebedeckten Berg hoch, fröhlich und in unaussprechlicher Übereinstimmung, der Weg ist schnurgerade, und auf der einen Seite ist alles dunkel, in der Ferne schwarz, aber nicht bedrohlich, auf der anderen Seite glänzt, unendliche Zuversicht ausstrahlend, die Sonne, der Schnee knirscht unter unseren Füßen, der kalte Wind streift angenehm unsere Gesichter, und eine Flötenmusik schwingt in der Luft, in einer Schönheit und Vollkommenheit, wie ich sie noch nie gehört habe, jubilierend, triumphal –
– Menschen können Träume riechen, spüren, schmecken, hören und sehen.

Träume sind Theaterstücke, Opern, Choreografien, Fabeln, Science-Fiction, Hörspiele, Installationen, Geisterbahnen, Filme. Jede Nacht erschafft jeder Mensch mehrfach verschiedene komplizierte zwischenmenschliche Zustände, gestaltet nie gesehene Landschaften, erfindet Texte, die er sich selbst und andere Menschen sprechen lässt, komponiert ungehörte Musik, Gerüche, Geschmäcker, kreiert Emotionen, die gewaltiger sind, als die größten Künstler sie je bei anderen hervorrufen könnten, und erzeugt bewegte Bilder, wie sie selbst mit den modernsten Mitteln elektronischer Animation nie nachgebildet werden könnten, und selbst dort spürte man nicht Wind im Gesicht und hörte nicht Schnee unter den Sohlen knirschen –

mit jedem Traum wird ein Universum erschaffen:
– und neben mir bricht das Haus mit einem tiefen Erdriss weg, überhaupt ist der ganz unterirdische, mehrstöckige Beton, auf dem ich gehe, brüchig und morsch und bricht unter Getöse zusammen; ich aber bin immer dicht neben den entstehenden Erdspalten, die aufbrechen und neben denen immer größere Teile wegbrechen und auch davonfliegen, in die die Menschen hineinfallen und mit weggerissen werden, bis rechts von mir alles abgebrochen ist, und ganze Teile der Erde wegbrechen und ins All treiben, die Erde bebt und fließt, zerfließt in steinernen Hängen, die wie Lawinen oder flüssig-kalte Lava Gesteinsmassengeröll verschieben, grauschattierend sich verändernde Flüsse ergeben, zwischen denen ich auf dem Rest der Erde höher steige auf den Berg, und ich weiß jetzt, dass das das Ende der Erde ist, die einfach auseinanderbricht, zerfällt, und ich frage mich, wie ich noch atmen kann; ich müsste doch längst erfroren sein und erstickt, da sehe ich im Gebirgerest, der noch nicht zerflüssigt ist, die weiße Spitze einer Rakete, malerisch, zwischen Hügeln auf der Bergkuppe, und ich denke: ›Vielleicht kann ich damit noch weg ins All, wenn ich noch reinkomme‹, und renne über die dunkelgrünen Bergwiesen darauf zu, aber beim zweiten Hinsehen ist es ein indisch-nepalesisches Mayadenkmal, ein steinerner Bau, groß (hoch, schlank, verziert, mit Kanten, Treppen, Zeichen), eine drohende Erinnerung an die Menschheit, seit Jahrtausenden verlassen, ich sehe Vögel aufsteigen, die Berggipfellandschaft ist wunderschön, also wird es so schlimm nicht sein, wenn die Vögel noch leben; der Wind beißt so scharf in mein Gesicht, dass ich mit Schrecken bestätigt finde, dass alles real ist, ich hier alleine bin in dieser wilden Schönheit –

– ganze Welten werden neu zusammengesetzt. Materiell wie zeitlich, geistig wie körperlich. Planeten, Epochen, Gefühle, Ideen.

Jeder Traum beweist, dass der Mensch ein Schöpfer ist, der über nicht zu überbietende Produktivität verfügt, Welten zu schaffen vermag, die noch reichhaltiger sind als die bestehende.

Dass diese Kapazitäten sich vorwiegend im Schlaf entfalten, mindert nicht ihre Qualität. Im Gegenteil, zu sagen: ›Träume sind Schäume‹, ist eine alberne Verunglimpfung, die in die Irre führt: ihre Entfaltung blockiert. Jeder Traum ist eine Erinnerung an diese Kapazitäten, die zu nutzen bis heute nur ein Bruchteil der Menschen das Privileg hat. Jeder Traum erinnert den Menschen daran, dass er auch im Wachen ein Schöpfer sein könnte.

Diese Potenzen sind eine Ahnung davon, was, noch nicht entfaltet, im Menschen steckt. Diese jedem Menschen bislang ungenutzt innewohnende schöpferische Kraft eines Genies macht Utopie möglich. Analog zur These, dass die Menschen vielleicht nur einen kleinen Teil ihrer Gehirnkapazitäten nutzen, ebenfalls noch nicht genutztes Brachland.

Dieses noch nicht Entfaltete ist der Schlüssel zur Utopie. Es ist ein Indiz, dass in jedem Menschen Fähigkeiten stecken, die diejenigen der im Wachen intelligentesten und kreativsten Menschen übertreffen. Dass viele Menschen sich nicht an ihre Träume erinnern können, gar glauben, sie träumten nie, ist Folge der Unterschätzung der utopischen Sprengkraft des Traums. Dass viele Menschen ihre Träume für banal halten, ist Folge der Reduzierung ihrer Bedeutung auf die Funktion als Steinbruch der Selbsterkenntnis, der sie zweifelsohne auch sind, was aber eher ein positiver Nebeneffekt der in ihnen liegenden Chance zur Verwirklichung einer menschenwürdigen Welt ist.

Dass alle Menschen dieses schöpferische Können haben, erfüllt die demokratische Grundbedingung von Utopie. Das macht die politische Bedeutung des Traums aus.

Um in Zuständen leben zu können, wie sie ihnen der Traum vorführt, müssten die Menschen freiheitlich miteinander umgehen. Freiheit ist kein Schlaraffenland, in dem einem die gebratenen Tauben ins Maul fliegen, sondern Freiheit ist immer Freiheit des Anderen. Nicht jeder will diese Freiheit und mancher glaubt, sie nicht zu wollen, weil er keine Vorstellungen davon hat, zumal diese Utopie von Freiheit der gegenwärtigen

Gesellschaftsform zuwiderläuft. Das von den herrschenden Verhältnissen vorgegebene beziehungsweise ihnen innewohnende Sicherheitsbedürfnis versperrt den Weg zur Erweiterung der menschlichen Entfaltungsmöglichkeiten, die, wenn sie sich trotzdem Bahn brechen, als Verrücktheit erscheinen, von der nur der Künstler verschont bleibt, weil er das Glück hat, sie in eine Form bringen zu können; gleichwohl er von vielen dennoch als Verrückter gesehen wird. Die Unberechenbarkeit der Freiheit macht vielen Menschen Angst – der Traum zeigt, dass diese Angst unnötig ist.

Was Freiheit heißt und wie sie zu verwirklichen wäre, zeigt der Traum nicht, aber er lässt das Modell davon als Reales erfahren. Ein Modell, in dem es Leid und Elend gibt, aber auch dessen Aufhebung.

Deshalb ist das Märchen die dem Traum am nächsten kommende Kunstform: es gibt Grausamkeit, Unterdrückung und Menschenverachtung, aber man kann mit Tieren sprechen, der Schwächste entpuppt sich als der Stärkste, man kann fliegen und alles wird gut, zumindest entrinnt man der Gefahr.

Das Vorbild der Lüge ist der Traum. Die Realität oder, anders gesagt, die Wahrheit einer Parallelwelt, erfährt jeder Mensch im Traum, also ist die Lüge auch real oder, anders gesagt, wahr. Die meisten Menschen, vor allem Kinder, glauben an ihre Lüge, der Realitätscharakter des Traums bestätigt sie darin.

Die Zauberei wurde vom Traum erfunden: in ihm findet sie real statt.

Auch die Vorstellung einer anderen Welt hat der Mensch vom Traum. Dort erlebt er sie jede Nacht als reale. So bewusst wie sinnlich als akute Realität erfahren, mehr oder weniger erinnerbar, erscheint der Traum als wahre Wirklichkeit. Darin liegt seine politische Sprengkraft: Das vom Kunstwerk Traum vorgestellte Soziogramm, in seinen furchtbaren wie seinen glücklichen Aspekten ernst genommen, öffnet die Tür zur schonungslosen Betrachtung der wachen Wirklichkeit und der realen Möglichkeit ihrer Veränderung zu einer glücklicheren.

Unbewusst drängt diese Erfahrung nach Verwirklichung, bewusst bahnt sie den Weg zu dieser. Als Chance begriffen, also nicht als ›ist doch nur ein Traum‹, sondern als grenzenloses Potenzial gesehen, kann sie zum Ziel führen. Kein im Vorhinein definiertes, gar von einem Einzelnen oder einer Gruppe vorgegebenes Ziel, sondern einem nur durch Abstimmung der individuellen Erfahrungen miteinander verwirklichtes Ziel: Das könnte die Antwort auf die Frage nach der Funktion des Traums sein –

im Traum sind alle Menschen gleich:

– Massenpanik, alle fliehen unter eine Brücke; die Stadtverwaltung hat riesige steinerne fahrbare Treppen danebengestellt, deren Stufen glatt und abgerundet sind, fast gefährlich und kaum benutzbar, und die Menschen wollen sie gar nicht benutzen, drängen sich auf engstem Raum unter der Brücke zusammen, es ist das Ende der Welt, aber es gibt die Möglichkeit, die ganze Menschheit auf einen anderen Planeten zu evakuieren, wobei ich davon ausgehe, dass das gar nicht alle wollen, ich sogar jetzt schon Sehnsucht nach der alten, dann verlorenen Welt bekomme und darauf bestehe, in einem provisorischen Schulraum neben der Brücke erstmal Listen aufzustellen, wer evakuiert werden will und wer nicht, ich wische die Tafel ab und beginne, Leute einzeln zu fragen –

– gleich wert, gleich wichtig, gleich entscheidend. Das ist die utopische Tendenz des Traums. Gleich beachtet, gleich verschieden, gleich nah. Sie haben alle freie Entscheidung. Und es ist in jeder Situation, auch der äußersten, zum Beispiel dem Weltuntergang, möglich, sich so zu organisieren, dass jeder seinen freien Willen realisieren kann.

Traum kann als Vorbild genommen werden, Steigbügelhalter für eine soziale Haltung, die, in den Wachzustand übertragen, dazu führen würde, dass die sozialen Verhältnisse sich verbessern. Das Abbild gesellschaftlich unerträglicher Zustände kann zum Antrieb werden, sich ihrer zu entledigen.

»Wobei ich davon ausgehe, dass das gar nicht alle wollen«: soziale Zuversicht erscheint als evident, keiner ist allein, Träume sind Sozialsensoren. Denn was dem einen das Paradies, ist dem anderen die Hölle. Wieder organisiert der Traum, dass die beiden Gegensätze sich nicht gegenseitig behindern.

»Ich beginne, die Leute einzeln zu fragen«: Träume sind gerecht, jeder kann frei entscheiden. Einmal mehr eine Erinnerung das Diktum: ›Freiheit ist immer nur Freiheit des Anderen‹.

Die Tatsache, dass alle Menschen träumen, ist der Beweis dafür, dass es keine unterbemittelten Menschen gibt, denn jeder Mensch hat die mentalen Kapazitäten, Welten zu schaffen. Dass die Mehrheit der Menschen diese Kapazitäten nicht produktiv umsetzen kann, liegt an den herrschenden Machtverhältnissen. Diese haben kein Interesse an der Entfaltung dieser Potenziale, da sie selbst dadurch überflüssig würden. Deshalb liegt ein Verhältnis zu Träumen, welches diese als Unsinn oder allenfalls Material zur individuellen Selbsterkenntnis sieht, in ihrem Interesse.

Sich an seine Träume zu erinnern, ist ein Weg, diese unterdrückten schöpferischen Potenziale zu entfalten und damit die Kraft der Träume gegen die herrschenden Machtverhältnisse zu verwenden, wodurch Träume zur Energie- und Inspirationsquelle der Umwälzung werden können –

jede und jeder hätte das Folgende träumen können:
– draußen aber blinkt der Vollmond, als wäre er eine Lampe mit Wackelkontakt, wobei aber jedesmal die Welt taghell ist, wenn er blinkt, und währenddessen fahren alle in Booten ab, legen ab und verschwinden auf dem Meer, dafür aber kommen Scheichs auf viereckigen, blauen Flößen, die von ganzen Bootsflotten umringt sind, entgegen, und einer von den Scheichs ist verrückt, er ist bereit, alle mitzunehmen, aber droht, dass, »wer einen Ton des Alterns von sich gibt«, umgebracht wird, aber »wer denkt, wie die Köchin, fickt auch so« –
– das ist ein essentielles Merkmal des Traums: Jeder kann Unmögliches träumen, scheinbar Unlogisches, nach unseren Gesetzen Sinnloses – das gehört zum Wesen des Traums. Genauso wie dass man sich in der Regel an das meiste nicht mehr erinnern kann.

Jeder Mensch kann, lässt sich aus dem blinkenden Vollmond schließen, Gestirne steuern.

»Wer einen Ton des Alterns von sich gibt«, wird »umgebracht«: Träume sind böseste Realsatire, härter und kürzer kann man unsere Gesellschaft nicht auf den Begriff bringen.

Der Traum spiegelt die Gesellschaft wider, in der der Träumende lebt. Er ist weniger Spiegel des Individuums als mehr der Gesellschaft, in der dieses Individuum lebt. Er spricht die Wahrheit über die Gesellschaft, im Gegensatz zur ihr selbst, unverstellt aus: »Wer denkt, wie die Köchin, fickt auch so« ist eine interessante gesellschaftliche Verallgemeinerung. Wahrscheinlich denken viele so, trauen sich nur nicht, es laut zu sagen.

Träume sind Gesellschaftsbilder, die in ihrer Struktur, ihren Inhalten und ihrer Dramaturgie auch von anderen sein könnten: alle Menschen träumen das gleiche Stück, jeder inszeniert es anders und bewirkt damit auf seine Weise, was auch jedes bewusst gestaltete Kunstwerk bewirkt: Emotionen, Erfahrungen, Erlebnisse auszulösen.

Kunstwerke sind Gesellschaftsbilder, und weil Träume Kunstwerke sind, sind sie Gesellschaftsbilder –

der Traum hat keine Bedeutung, der Traum ist Bedeutung:
– in vergammelten Gassen lungern Schwarze, Latinos und Halbwüchsige rum, überall liegt Müll, Katzen und Ratten schleichen herum, kaum Beleuchtung, aber sehr bunt und auf jeder Häuserwand verschieden große Videoschirme, auf denen in grellbunten Farben und so grob, dass man die Zeilen sieht, ein Film läuft, dessen Plakate zerfetzt an den Wänden hängen: »The last Story of the Mouse and the Lion«, und dann sehe ich sie auch, die Maus, die auf einem Mauervorsprung sitzt und in rührenden Worten, dass einem die Tränen kommen, von ihrer Liebe erzählt, vor allem von den vielen kleinen Dingen, die sie zusammen machen könnten, wenn sie nur zusammenkommen könnten; der Löwe sitzt auf den Hinterbeinen vor ihr und lauscht mit zur Seite geneigtem Haupt und schüttelt es ab und zu mit trauriger Zustimmung; es ist so schön und traurig, dass sich einem alles zusammenzieht; dann läuft es aus in eine kitschige Weltkugel, aus der ein Liebespaar tritt, Hand in Hand, während eine überdramatisierte Stimme von »The Lovestory of the whole World« redet – und endlich trete ich aus den Gängen auf einen Platz, auf dem winzige weiße Jugendstilstühle stehen, es sieht aus wie bei einem Kurkonzert, aber die meisten Zuschauer sind schon gegangen, die Gruppe der Geliebten, die ich suche, ist zu Zwergen degeneriert, die in Kinderkleidung des 19. Jahrhunderts artig auf den Stühlchen sitzen und verschreckt blicken, sie tuscheln, als ich komme, sie warnen mich, es habe alles keinen Sinn –
– die Frage: ›*Was* sagt uns der Traum?‹ ist irreführend, denn die Inhalte des Traums sind immer dieselben, und zwar die elementaren Dinge des Lebens: Nahrung und Sexualität, Glück und Unglück, Liebe und Gewalt, Freude und Leid, kurz gesagt das, womit jeder Mensch sich den lieben langen Tag herumschlägt.

Dass die Menschen sich damit im Traum beschäftigen, dieses damit be- und verarbeiten, ist schon lange bekannt. Die detaillierte Auseinandersetzung mit der spezifischen Gewichtung dieser Grundinhalte beim Einzelnen kann sicherlich hilfreich sein bei der Behandlung psychischer oder psychisch bedingter Krankheiten – dies ist aber nur ein nützliches Abfallprodukt innerhalb der Bandbreite der Wirkungsweise des Traums.

Zu viel weiter gehenden Erkenntnissen führt die Beantwortung der Frage: ›*Wie* sagt es uns der Traum?‹ Welche Symbole, welche Situationen, welche Bilder der immergleichen Lebensspiralen hat der Traumkünstler gefunden: das ist das Spannende am Traum. Bei gleichen somatischen oder psychischen Auslösern können diese Darstellungsformen völlig verschieden sein. Auch deshalb ist es voreilig, aus Bildern oder Situationen Deutungen abzuleiten.

Das Problem unerfüllter oder schlicht unmöglicher Liebe kennt jeder, also wird es jeder in seinen Träumen verarbeiten: aber jeder wird andere Bilder, Symbole, Statthalter etc. finden. »The last Story of the Mouse and the Lion« könnte aus den Disney-Laboratories kommen, aber es geht bei Träumen darum, dass sie Kunstwerke sind, nicht darum, welche künstlerische Qualität sie haben; es spielt keine Rolle, ob sie von Karl May oder William Shakespeare hätten geschaffen werden können.

Was zählt, ist, dass der Traum genauso Emotionen ausdrückt und erzeugt, perpetuiert und verwaltet, verwandelt und in Stimmungen übersetzt wie jedes Kunstwerk es tut.

Bedeutungssuche ist der Versuch, dem Traum auf die Schliche zu kommen. Dieses Bestreben ist nicht unehrenhaft, aber dazu empfiehlt es sich, sich auf den Traum einzulassen, in ihn einzugehen – nicht, ihm etwas Äußeres aufzupfropfen. Das ist das mitunter gefährlich Problematische bei der Anwendung der epochalen Entdeckung der Psychoanalyse im Bereich des Heilens: Nicht nur sind die Bedeutungen von Symbolen, Metaphern und Bildern verschiedene im Wachen und im Traum, auch sind sie selbst vom jeweils herrschenden Zeitgeist, der jeweils herrschenden Moral und der unterschiedlichen Zuordnung jedes Einzelnen geprägt. Falsch oder missverstanden zugeordnet, verkehrt sich die Wirkung ins Gegenteil. Am deutlichsten ist dies in der Sexualität, dem Zentrum aller Emotion und Energie.

Eine Bedeutung zu behaupten, stellt das Bewusste über das Unbewusste, diese beiden Bereiche sind aber nicht hierarchisch zu gliedern. Mehr noch: Das Bewusste über das Unbewusste zu stellen, unterdrückt es.

Der Traum deutet nicht, er stellt etwas dar, das eine Stimmung erzeugt wie jedes andere Kunstwerk auch, von dem im Wesentlichen seine Stimmung bleibt; eine Stimmung, die traurig oder freudig, erwartungsvoll oder mystisch, aggressiv oder einfach nur weit und schön angenehm sein kann, und, beim Kunstwerk Musik sogar präzise benannt werden kann als Moll oder Dur, in A, C oder Fis, eine Stimmung also –

deren Wahrnehmung Folgen hat:
– da, endlich eine Tür, erleichtert reiße ich sie auf, wieder eine Treppe nach unten, also alles sinnlos, aber ich habe keine Wahl und rase hinunter, überspringe oft zwei, drei Stufen und komme trotzdem zu keinem Ende, an jedem Absatz stellt sich heraus, dass es noch lange nicht der letzte ist, ist das etwa eine gigantische Falle, geht es gleich nicht mehr weiter und dann komme ich womöglich gar nicht mehr hoch?, doch dann zu meiner großen Erleichterung doch wieder eine Tür – ich reiße sie klopfenden Herzens auf – und unendliches Glück durchfließt mich: eine große Dachterrasse mit wunderschönem Blick über die ganze Stadt, ich muss da nur irgendwie runterkommen und alles wird gut sein, schon entdecke ich die nächste Tür, frohlockend greife ich nach der Klinke – aber die Treppe führt wieder nach oben, also doch die gigantische Falle – und da höre ich eine Stimme aus dem Nichts: »Das ist Folter, wissen Sie, das ist Folter« –
– und ich schrecke aus dem Schlaf hoch, bin sofort völlig klar im Kopf, habe die Stimme des unsichtbaren Mannes noch im Ohr und muss unwillkürlich lachen: Da seit zwei Jahren als Gefangener aus der ›Rote Armee Fraktion‹ unter gegenüber anderen Gefangenen bis an den Rand des Erträglichen verschärften Haftbedingungen eingesperrt, die von Anwälten und Sympathisanten als »Folter« bezeichnet wurden, wirkte es wie blanker Hohn, das hier in meiner Zelle im Hochsicherheitstrakt der Justizvollzugsanstalt Düsseldorf im Traum und mit diesem Bild quasi von mir selbst um die Ohren geschlagen zu bekommen, und das am hellen Nachmittag!

Offenbar war ich eingeschlafen, ohne es beabsichtigt zu haben, schlagartig fiel mir der Beginn des Traums ein, sozusagen der Übergang: ich lag nicht mehr ein Buch lesend auf dem Bett, sondern gemütlich irgendwo auf einer Straßenkreuzung und las, es war warm und angenehm, nur außergewöhnlich hell (es war ja Tag!), bis ich irgendwann die Stimme einer kreischenden Frau hörte: »Katzenscheiße, überall diese furchtbare Katzenscheiße«, und Szene für Szene entrollte sich vor meinem geistigen Auge, Situation für Situation lappte sich zurück in mein Gedächtnis und entfaltete sich bis in detaillierteste Reflexionen über die Gastgeberin einer Familie, die ich besucht und deren aufgesetzte Fortschrittlichkeit mich angewidert hatte – und ohne es zu merken, hatte ich zum Schreibblock gegriffen und alles mit fliegender Feder notiert.

Je mehr ich schrieb, desto mehr erinnerte ich mich, Blatt für Blatt flog auf den immer höher werdenden Stapel, ich musste mich zügeln, nicht zu schnell zu schreiben, damit ich es später noch entziffern konnte, aber die Befürchtung, etwas zu vergessen, trieb mich weiter. Ich vergaß, wo ich mich befand, im ursprünglichen Sinne des Wortes.

Die Empfindungen des Traumes, von den heftigen Gefühlsschwankungen bis zu dem als intensives Köpergefühl spürbaren Gesamteindruck, strömten so stark in mir, dass erst, als das hässliche Geräusch eines in die Zellentür gerammten Schlüssels die unsichtbare Glasglocke, unter der ich mich befand, zersplittern ließ, mir bewusst wurde, dass ich mich auf der Isolierstation des Gefängnisses befand und es Zeit für die Abendbrotausgabe war. Ich hörte Klappern, Lachen, Rufe und stand auf, um mein Futter in Empfang zu nehmen.

Völlig unerklärlicherweise spürte ich nicht den üblichen Adrenalinstoß, den allein schon die Uniform der Bewacher bei mir auslöste, sondern empfand Sympathien für den armen Mann, der hier, eingezwängt in eine hässliche Diensttracht, für einen Hungerlohn seinen traurigen Dienst tun musste.

Am liebsten hätte ich diesem ›Wachtel‹, diesem ›Schließer‹, diesem ›Henkersknecht‹, wie ich ihn sonst bezeichnete, in diesem Moment freundlich auf die Schulter geklopft, so gut gelaunt war ich. Ich fühlte mich bärenstark, unverletzlich und unendlich großzügig: »Jetzt ist ja bald Feierabend«, sagte ich tröstlich zu ihm, was ihn zwar offensichtlich irritierte, ihm aber dennoch einen dankbaren Seufzer entlockte. Irgendwie tat er mir leid, weil er mich bedienen musste, andererseits fand ich ihn lächerlich bis zur Peinlichkeit, er war eine beklagenswerte Witzfigur, die ihr armseliges Leben freiwillig im Knast verbrachte – während ich mich so frei wie selten fühlte: ausgerechnet in dieser Umgebung, die mir plötzlich nichts anhaben konnte.

Ich wunderte mich über mich selbst, dass ich keine Aggressionen gegen diesen Mann spürte, ihn eher als jemanden sah, dem man helfen musste.

›Ich bin frei‹, schoss es mir durch den Kopf, was ich als absurd empfand, mir aber ein Glücksgefühl bescherte. Dieser Mensch, der Knast, der ganze Apparat konnten mir nichts anhaben. Die Isolation, der Psychoterror, die Schikanen – alles nur verzweifelte Versuche von in ihrer kleinen Welt gefangenen Opfern dieser furchtbaren Realität, sich gegen ihre Befreiung zu wehren, indem sie jemanden schikanierten, der sich befreit hatte.

Ein ›auf zu neuen Ufern‹-Gefühl durchströmte mich. Als hätte ich Kraft, Selbstbewusstsein und Optimismus getankt. Ich hatte plötzlich eine Achilleshaut, einen Siegfriedpanzer, eine unsichtbare, unzerstörbare Schutzschicht, körperlich wie geistig.

Keiner kam an mich heran – ich staunte und fragte mich, wo diese so unerklärliche wie erfreuliche Haltung plötzlich herkam. Selbst der langweilige Käse auf dem langweiligen Brot schmeckte – was war geschehen? Ich war nun schon zwei Jahre hinter Gittern, worunter ich nie existentiell gelitten hatte, weil ich das als Teil meines revolutionären Kampfes verstand, aber ich hatte mich seitdem noch nie so entspannt, so gelöst, so selbstsicher gefühlt wie jetzt.

Wieder ratterte der Schlüssel im Schloss, ich reichte meinen schmutzigen Teller hinaus und als ich wieder an meinen Tisch kam, fiel mein Blick auf die Traumnotizen. Schlagartig war der ganze Traum wieder da, die Stimmung, die Geräusche, die Gedanken – und ich erkannte: Es war dieser Traum, der mir meine so unverhoffte wie beglückende Zuversicht und Selbstgewissheit verschafft hatte!

Mir wurde unheimlich. Obwohl er etwas war, das man gemeinhin Albtraum nennt, wirkte er wie ein Stärkungsbad, ein Segen, eine emotionale Erleuchtung – was war da geschehen? Ich schloss die Augen und vertiefte mich noch einmal in die Erinnerung an den Traum – und siehe da: je stärker die Erinnerung, desto stärker dieses neue beglückende Gefühl, je realer die auch im Wachen spürbare Empfindung des Traums, desto realer meine Stärke, meine Selbstgewissheit, mein Selbstvertrauen –

und von nun an setzte sofort das starke Bedürfnis ein, diese Erinnerungen an Träume immer festzuhalten:

– *auf einer ausgegrabenen, prähistorischen Treppe stehen Tausende von Leuten und wollen hoch auf einen endlos wirkenden Berg – einzig ich will runter, Norbert Blüm, der Minister, wendet sich in einer Rede dagegen, neue Straßen und Schneisen zu bauen, das sei sinnlos, man müsse die alten olympischen Versunkenen wiederbeleben – in diesem Moment sehe ich an einem Waldrand, wie eine Herde Säue sich Bahn bricht durch den Wald und denke: ›Na bitte, da ist es doch schon, die wissen die alten Wege instinktiv‹; ich folge ihnen in den Wald, bald sind es Affen, und kurz darauf fast King-Kong-große Bären-Affen, die tobend durch den Wald rasen und Schneisen schlagen, die Bäume wie Streichhölzer umknicken und durch die Gegend werfen –*

– und selbst wenn mich nur im Halbschlaf beim Umdrehen von der einen auf die andere Seite Fetzen von Erinnerung des gerade erlebten Traums anwehten, wachte ich auf, ob ich es wollte oder nicht, und konnte erst weiterschlafen, wenn ich zumindest Notizen aufgezeichnet hatte, mithilfe derer ich den Traum am nächsten Tag rekonstruieren konnte: So stark war der Wunsch, diese unerklärliche Stärkung meiner selbst wieder zu erfahren, die offensichtlich durch das Erinnern an den Traum hervorgerufen wurde.

Denn es war die Empfindung des Traums, seine körperlich intensiv zu spürende Stimmung mit in den Wachzustand zu nehmen, die, wie mit jedem Mal offenbarer wurde, diesen gewaltigen Glückszustand hervorrief.

Da im Gefängnis von 22 Uhr bis 6 Uhr morgens kein Licht brannte, war ich gezwungen, mir eine Lichtquelle zu bauen, die von den Wächtern auch bei ihren täglichen peinlichen Zellenfilzungen nicht gefunden werden konnte. Ich bohrte in die Unterseite eines Brötchens ein kleines Loch, füllte es mit Margarine und drehte mir aus einem Stofffetzen des Anstaltslakens einen Margarine-getränkten Docht, der sich mit einem der vorhandenen Feuerzeuge entzünden ließ wie eine Kerze. In dem Trakt, in dem ich untergebracht war, konnte ich sicher sein, zu hören, wenn ein Wächter sich näherte, um durch den Spion zu gucken – es musste unter allen Umständen verhindert werden, dass ich bei dieser Tätigkeit entdeckt wurde.

Der Aspekt des Konspirativen verstärkte meine Emphase bei dem gesamten Vorgang: Meine Träume aufzuschreiben geriet zu einer Form des Widerstands gegen diesen Apparat, der mich unter verschärften Bedingungen gefangen hielt, um meine, wie ich es damals empfand, gegen ihn gerichtete Haltung zu brechen, denn genau diese Haltung wurde durch das Mit-hinein-Nehmen des Traums in den wachen Alltag gestärkt.

Deshalb griff ich nach jedem Traumfetzen und begann, akribisch alle meine Träume aufzuschreiben, auch die geringsten, scheinbar unwichtigen, banalen, allein, um diese wunderbare Stärke wiederzubekommen.

Unbewusst hatte ich seit der ersten Aufzeichnung die Rückseite eines Briefumschlages benutzt und blieb bewusst dabei, weil, ein bereits beschriebenes Papier zu verwenden, den Druck, die Last der Entjungferung des Papiers nahm.

Traumnotizen, wusste ich schnell, mussten so flüchtig und unbedeutend sein wie die Träume selbst.

Mit den Briefumschlägen verband sich noch etwas weiter Gehendes: Sie waren nicht nur bereits gebrauchtes Papier, was mich unbelasteter machte, den sich verflüchtigen wollenden Träumen hinterherzueilen, sondern sie waren bereits durch die Welt gereist, oft sogar aus aller Welt herbeigeflogen, was mich darüber hinaus beflügelte, sie einzuholen.

Bald hatten sich noch weitere Gesetze entwickelt, die eingehalten werden mussten, um die Technik des Träumeaufschreibens zu optimieren: ein feiner, weicher Bleistift musste es sein, so dass die Buchstaben nicht entfleuchen konnten. Weiterhin: obwohl ich normalerweise eine große Handschrift habe, mussten die Traumaufzeichnungen in kleinster Schrift festgehalten werden, um dem Bedürfnis der Träume, in der Deckung zu operieren, Rechnung zu tragen.

Schnell wurde ich süchtig nach den Träumen. Wenn ich mich an den Traum der letzten Nacht nicht erinnern konnte, musste ich gegen schlechte Laune kämpfen, wenn ich mich an einen Traum kurz erinnert, ihn dann aber wieder vergessen hatte oder meine nachts hingekritzelten Notizen nicht entziffern konnte, konnte ein ganzer Tag im Eimer sein, konnte ich mich auch nur an einen kleinen Ausschnitt erinnern, war der Tag gerettet –

und beflügelte mich:

– da sehe ich weiter unten auf der Bergkuppe eine Gruppe Menschen um ein Holzhaus und renne zu ihnen hin, taumle in ihre Mitte, sie sehen mir freundlich, aber ohne zu reagieren, entgegen, stehen nur so rum, und wie ich erleichtert zusammenbreche, beziehungsweise mich fallen lasse, höre ich einen sagen: »Ja, ja, so ist es, wenn man gerettet wird«, und Kinder kommen zu mir und streicheln mich und küssen mich; ich habe die Augen geschlossen, es ist, als ob ich nur kurz weg gewesen wäre, und die Kinder flüstern mir Geheimnisse zu, rügen mich für meinen Ausflug –

– als ich diesen Traum notierte, fiel mir auf, dass er von seiner Struktur her zu einer Erzählung passte, an der ich gerade arbeitete und in der ich einzelne Situationen, Ereignisse und Momentaufnahmen lose aneinanderreihte. Es handelte sich dabei um genau dieselbe Art von Momentaufnahmen, wie ich sie wach als ausgedachte oder erlebte beschrieb, wenn ich schriftstellerisch tätig war. Das verbindende Element dieser einzelnen Fragmente, das sie zu einer zusammenhängenden Erzählung machte, war, dass ich sie nicht in der Ich-Form schrieb, sondern diese Erlebnisberichte durch die Anrede ›du‹ dem Leser als selbst erlebte suggerierte.

Also formulierte ich probeweise den Traum um, indem ich auch in ihm ›ich‹ durch ›du‹ ersetzte – und er fügte sich nahtlos in meine Erzählung ein, wie eigens dafür komponiert.

Davon ermutigt, suchte ich weitere passende Träume und formulierte sie im Stil der Erzählung um – am Ende bildete der oben zitierte erste aufgeschriebene Traum sogar das Kernstück dieser Erzählung.

Nachdem der Literaturwissenschaftler Professor Martin Lüdke als Herausgeber diese Erzählung für wert gehalten hatte, veröffentlicht zu werden[2], stellte ich überrascht fest, dass mittels des Kunstgriffs der Ersetzung des ›ich‹ durch ›du‹ aus einem Traum ein Kunstwerk geworden war[3].

Im selben Moment stutzte ich: der Traum war doch zuerst da gewesen!?

Durch den Kunstgriff hatte ich nur, sagte ich mir, meine persönliche, skizzenhaft die Erinnerung an das Ganze erzeugende Aufzeichnung zu

2 Wackernagel, Christof: »Jahreszeiten«. In: Lüdge, Martin (Hrsg.): »Bilder einer Ausstellung«. Reinbek: Rowohlt, 1986, S. 84 ff.

3 Dieser oben zitierte erste festgehaltene Traum wurde von Marquard Bohm gesprochen und ist im Videoclip zu sehen: https://bit.ly/3eANzF0

einem Kunstwerk gemacht, das auch für andere Menschen als solches erschien: diese ganzen aufregenden Erlebnisse, diese immensen Gefühlsschwankungen zwischen Hoffnung und Verzweiflung, diese dramaturgisch raffiniert zum katastrophalen Ende kulminierende Komposition, von der ich ja nur einen kleinen Bruchteil überhaupt in der Lage gewesen war, festzuhalten: *Das* war das Kunstwerk selbst, denn es enthielt alle Elemente eines Kunstwerks, Spannung, mehrfache überraschende Wendungen und als das Happy End schon festzustehen scheint – doch die Katastrophe.

Die in Worten festgehaltene Aufzeichnung des Traums vermittelte gegenüber dem Traum selbst dagegen nur eine Ahnung davon, war nur ein Entwurf. Selbst die wort- und bildgetreue Verfilmung dieses Traums könnte beim Zuschauer niemals die emotionale Dimension erzeugen, wie sie der Traum bei mir selbst ausgelöst hatte.

In diesem Moment erschien es mir völlig evident: Träume sind Kunstwerke, und das ist das Wesentliche an ihnen.

Dass Träume heilen können, dass sie Erlebtes verarbeiten, wusste ich, dass sie etwas aussagen, worüber sich die Geister seit tausenden von Jahren streiten, war mir natürlich bekannt – dass sie Kunstwerke sein konnten, war mir neu und diese Sicht fand ich wesentlich aufregender als die immer dem jeweils herrschenden Zeitgeist verhaftete Bedeutungssuche, denn sie eröffnete neue Perspektiven.

Der Gedanke ließ mir keine Ruhe. Je mehr ich mich in ihn vertiefte, desto mehr neue Aspekte, Fragen, Folgerungen kamen dazu.

Wenn Träume Kunstwerke sind, schloss ich, sind auch alle Menschen Künstler, da alle Menschen träumen: Warum aber können nur die wenigsten dies ausleben, und was konnte man daraus wiederum schließen?

Wenn Kunst Abbild der Gesellschaft ist, traf dies nicht, da Träume ja auch Kunstwerke waren, genauso auf den Traum zu?

Wenn Kunst als schöpferische Tätigkeit dazu beiträgt, die Gesellschaft umzugestalten – kann dies dann nicht auch der Traum: und die Träumenden?

Also fragte ich bei demjenigen Denker nach, der, ganz gleich wie umstritten, unzweifelhaft am weitestgehenden über den Traum nachgedacht hatte –

»Das Material, an dem die Traumphantasie ihre künstlerische Tätigkeit vollzieht«[4]:

– in einer Ecke sitzt der Kommandeur, neben einem Durchgang in einem hohen Gang; ein Untergebener kommt und zeigt ihm zwei Brote, Doppelschnitten mit Leberwurst, die ein anderer geklaut hat; der Kommandeur sagt, dass derjenige bestraft werden muss, eventuell sogar mit dem Tod, und der Denunziant beißt im Weggehen seufzend in das Brot, obwohl es ihm auch nicht gehört; ich versuche, Verständnis zu erzeugen: man habe doch Hunger gehabt, der Kommandeur seufzt auch, und es scheint so, als würde der Diebstahl nicht geahndet, im Labor aber sind Dinosaurier und Entwickleranlagen, ein großer, dunkler Raum, in dem man gut sehen kann, dass Aquarien und andere hohe Behälter herumstehen; mein Freund Ebby und ich lachen und sind guter Dinge, erwartungsvoll, aber da sind wir schon vor dem Eingang zu einer Kirche und wollen eine Wanderung durch ein Urwald- und Sumpfgebiet machen, in dem es von gefährlichen Tieren wimmelt, weswegen wir überlegen, dass wir seitlich an den Hängen übernachten werden, auch wegen des vielen Regens, und vorher betrachten wir von einer Brücke neben dem Flughafen aus nochmal anhand einer Karte das ganze Tal –

– »künstlerische Tätigkeit«: dieses sagt kein Kunsthistoriker, sondern der Entdecker der Psychoanalyse, Sigmund Freud.

Mehr noch: »Es hat bei der Traumbildung eine Übertragung und Verschiebung der psychischen Intensitäten der einzelnen Elemente stattgefunden, als deren Folge die Textverschiedenheit von Trauminhalt und Traumgedanken erscheint. Der Vorgang, den wir so supponieren, ist geradezu das wesentliche Stück der Traumarbeit: er verdient den Namen Traumverschiebung. *Traumverschiebung und Traumverdichtung* [Hervorhebungen S. F.] sind die beiden Werkmeister, deren Tätigkeit wir die Gestaltung des Traumes hauptsächlich zuschreiben dürfen.«[5]

Lässt man bei den beiden Begriffen »Traumverschiebung und Traumverdichtung« die Vorsilbe ›Traum‹ weg, hat Freud damit die Grundkriterien der Definition jeglicher Kunst definiert.

4 Freud, Sigmund: »Die Traumdeutung«. Frankfurt a. M.: Fischer, 1996, S. 99.

5 Derselbe, S. 312.

»Die größte Intensität zeigen jene Elemente des Traums, für deren Bildung die ausgiebigste Verdichtungsarbeit in Anspruch genommen wurde.«[6]

Was ist »Verdichtung« anderes, als was jeder Dichter mit einem Gedicht macht?

Ein Dichter verdichtet und verschiebt Bilder, Themen und Motive mithilfe von Sprache, ein Bildhauer verdichtet und verschiebt – in diesem Sinne – Material. Et cetera. Haben keine Verdichtung und Verschiebung stattgefunden, handelt es sich bei einem Objekt nicht um Kunst. Kunst und Traum sind strukturell gleich, insofern sie Realitäten neu zusammensetzen: verschieben, vertauschen, vermischen.

»Die Herstellung von Sammel- und Mischpersonen ist eines der Hauptarbeitsmittel der Traumverdichtung«[7] – und der Dichtung beziehungsweise der Kunst überhaupt, muss man hinzufügen. Freud analysiert in diesem Zusammenhang am Beispiel eines eigenen Traumes dessen Entstehung: »… ich habe das Verfahren eingeschlagen, nach welchem Galton seine Familienportraits erzeugt, nämlich beide Bilder aufeinander projiziert, wobei die gemeinsamen Züge verstärkt hervortreten, die nicht zusammenstimmenden einander auslöschen und im Bilde undeutlich werden.«[8] Noch deutlicher erklärt er den Vorgang bei der Beschreibung der Mittel der Traumentstellung: »… wie eine Mischphotographie von Galton, der … mehrere Gesichter auf die nämliche Platte photographieren ließ.«[9]

Da aber mit den Mitteln der Verdichtung und Verschiebung schon ein paar tausend Jahre lang vor Galton geträumt wurde, kann man mit Fug und Recht davon ausgehen, dass Galton unbewusst von seinen Traumerfahrungen bei der Entwicklung dieser Technik bestätigt wurde.

Denn nicht der Traum funktioniert wie Galton, sondern Galton arbeitet mit den Mitteln des Traums, denn die Mittel des Traums gab es schon vor Galton.

»Das Gesicht, das ich im Traum sehe, ist gleichzeitig das meines Freundes R. und das meines Onkels. Es ist wie eine Mischphotographie

6 Derselbe, S. 333.
7 Derselbe, S. 299.
8 Derselbe, S. 299.
9 Derselbe, S. 152.

von Galton, der, um Familienähnlichkeiten zu eruieren, mehrere Gesichter auf die nämliche Platte photografieren ließ«,[10] schreibt Freud, aus mehreren Personen zusammengesetzte Gesichter im Traum gab es aber schon tausende von Jahren vor Herrn Galtons Idee, zwei Gesichter auf die nämliche Platte zu bannen. Man kann deshalb durchaus davon ausgehen, dass diesen die Traumerfahrung dazu inspirierte.

Freud als Psychoanalytiker ist natürlich nicht an der Entstehung der Kunst interessiert, und denkt an dieser Stelle nicht weiter, nämlich: Nicht Träume funktionieren wie Kunstwerke, sondern Kunstwerke funktionieren wie Träume, weil es Träume schon vorher gab. Zuerst war der Traum da, in dem zwei Menschen als einer erschienen, dann erfand der Mensch die Fotomontage. Die Bilder, die er mit dieser erschuf, erschienen ihm als Abbilder seiner Träume und faszinierten ihn. Diese Tatsache weitergedacht und verallgemeinert, heißt: Jegliche Kunst hat ihr Vorbild im Traum.

Galton hat die Werkmeister des Traums unbewusst in seinen Dienst genommen und mit ihrer Hilfe ein Mittel erfunden, mit dem er die Vision eines bestimmten Bildes, das er vom Traum kannte, materialisieren konnte.

Es liegt also nahe, dass jegliche Kunst vom Traum kommt, dass der Traum den Menschen den Anstoß gab, Dinge zu schaffen, die keiner materiellen Funktion zugeordnet werden konnten, die nicht der unmittelbaren Notwendigkeit zu überleben dienten, sondern allein dem Wohlgefallen: Kunst kommt von Traum.

Menschen machen Kunst, weil sie träumen, es ist der Traum, der sie dazu inspiriert und ihnen die Mittel dazu vorstellt –

Freud hatte sich nicht zur Aufgabe gesetzt, den Ursprung der Kunst zu ermitteln:

– aber dann kommt eine Szene, die im Publikum spielt, ich sitze also mit dem Kollegen relativ weit hinten im Zuschauerraum und er kritisiert mich laut, woraufhin ich sofort ausflippe und ihn anfauche: »Fassen Sie mich nicht an, was fällt Ihnen überhaupt ein!«, aufstehe und eine glühende Verteidigungsrede halte, was zu spielen mir sehr viel Spaß machen wird, ich

10 Derselbe, S. 152.

freue mich richtig auf die Szene, stelle mir vor, wie ich dieses »Fassen Sie mich nicht an!« so toll spielen werde, dass alle mich bewundern –
– liefert aber am laufenden Meter Indizien dafür.

Wenn Freud schreibt: »Daß der Traum [...] bei Dichtern und Komponisten die Quelle neuer Eingebungen werden kann [...], scheint [...] unbestreitbar zu sein«[11], hat er schon fast die Zielgerade erreicht: dass der Traum die Quelle der Eingebung jeglichen Impulses ist, Kunst zu fertigen.

Allein der Begriff »Traumentstellung« beschreibt einen künstlerischen Vorgang: Verwandlung, Verstellung, Verzerrung. Der Dichter Bertolt Brecht hat für seine künstlerische Technik einen Begriff gefunden, auf den genauso der Psychoanalytiker hätte kommen können: »Verfremdung«. Ein besonders krasses Beispiel für die innige Verbindung von Kunst und Traum. Sehr nah kommt Freud dieser Erkenntnis ebenfalls, wenn er »artifiziellen Träumen« bescheinigt, »sie geben den vom Dichter gefassten Gedanken in einer *Verkleidung* [Hervorhebung C. W.] wieder, die zu den aus der Erfahrung bekannten Charakteren unseres Träumens passend gefunden wird«[12] – also um es klar zu sagen: nachgemachte Träume sind die größte Herausforderung für den Künstler, die überhaupt vorstellbar ist. Allenfalls geniale künstlerische Monumente wie »Alice im Wunderland« oder die Malereien von Hieronymus Bosch oder Dalí werden diesem Anspruch gerecht, aber gerade die Surrealisten haben mit der »Écriture automatique« ein elementares Missverständnis der Werkmeister des Traums kreiert: Nicht jede Eingebung, die einem noch so genialen Dichter durchs Hirn fährt, ist Kunst, sondern die Verdichtung, Verschiebung und Vermischung unzähliger und auch durch die penibelste wissenschaftliche Forschung nicht nachvollziehbarer physischer wie psychischer Impulse erzeugen das Kunstwerk, das nach den Prinzipien des Traums entsteht.

Verdichten und Verschieben sind das Gegenteil von Beliebigkeit: höchstkonzentrierte Genauigkeit, Fokussierung des zu Sagenden.

Sich zu verkleiden, schminken, in eine andere Person zu verwandeln, ist die Urform jeglicher Kunst, jedes Kind beginnt damit.

11 Derselbe, S. 80.
12 Derselbe, S. 111.

»Die Sprachkünste der Kinder, die zu gewissen Zeiten die Worte tatsächlich wie Objekte behandeln, auch neue Sprachen und artifizielle Wortfügungen erfinden, sind für den Traum wie für die Psychoneurosen hier die gemeinsame Quelle.«[13]

Hier jedoch muss widersprochen werden: Die fantastische Sprache des Kindes ist nicht der Ursprung des Traums, sondern der Traum ist der Ursprung der Sprache. Denn wer anderes als der Traum hat die Kinder denn auf die Idee gebracht? Zumindest kleine Kinder, die noch nicht vom Diktat des Realitätsprinzips gefangen sind, unterscheiden noch nicht bewusst und reflektiert den Unterscheid der beiden Wirklichkeiten, beide sind gleich wahr, also führen sie im Wachen ganz selbstverständlich das weiter, was ihnen im Traum Spaß gemacht hat.

Wortgestaltung aber ist die Vorstufe von Wirklichkeitsgestaltung.

Dass Worte sich auch im Wachen erweitert gestalten lassen, ist ein Zeichen dafür, dass auch die Welt erweitert, also verbessert gestaltet werden könnte. Es ist die populärste Form von Kunst, befreit von der drohend heiligen Aura der Museums- und Feuilletonkunst, sozusagen die demokratischste Kunst.

Der Gedanke, dass Verkleidung »zu den aus der Erfahrung bekannten Charakteren unseres Träumens passend gefunden wird«, ist einer der wenigen Gedanken bei Freud, in denen die historische Reihenfolge stimmt: erst war der Traum, dann kam die Kunst.

Dazu gehört auch seine Bemerkung im Kapitel über Traumentstellung zum Phänomen des »Zwangs zur Entstellung«, in dem er schreibt: »In ähnlicher Lage befindet sich der politische Schriftsteller, der den Machthabern unangenehme Wahrheiten zu sagen«[14] – also Zensur zu fürchten hat und sich deshalb der Mittel des Traums bedient, um nicht haftbar gemacht werden zu können.

Er versäumt freilich dazuzusagen, dass dies exakt die Politik des Traums aus dem Reich des Unbewussten gegenüber dem Reich des Bewussten ausdrückt: Er benutzt seine eigene Sprache.

Auch was die Sprache des Traums betrifft, ist Freud vertauscht zu lesen: »Kranke [...] bringen es zustande, [...] gleichsam für einen ganzen

13 Derselbe, S. 308.
14 Derselbe, S. 155.

Menschenhaufen zu leiden und alle Rollen eines Schauspiels allein mit ihren persönlichen Mitteln darzustellen.«[15]

Kranke können also exakt das tun, was jeder Mensch jede Nacht tut. Nicht der Traum benutzt dieselben Mittel wie die Kranken, sondern diese benutzen die Mittel des Traums, um das Leiden an den Menschen, also nicht nur ihr eigenes Leid, zu bewältigen.

Schrieben sie die Rollen auf und verfassten damit ein Theaterstück, würden sie Künstler, nicht Kranke genannt, ein weiteres Beispiel für die Zeitgeistabhängigkeit jeder Interpretation gerade im Bereich des Traums. Diese »Kranken« empfinden sozialer als ihre Therapeuten.

Freud selbst beschreibt mit Schiller seine Form der Traumdeutung und -interpretation als künstlerischen Vorgang: ein »Zurückziehen der Wache vor den Toren des Verstandes«[16] sei vonnöten, um unbeeinflusst von diesen assoziieren zu können, »das Gelingen bleibt Sache des witzigen Einfalls, der unvermittelten Intuition«[17], also der Grundbedingung jeglicher Kunst.

»Ich selbst kann es sehr vollkommen«[18], schreibt er, versteht damit aber Kunst als Funktion der Wissenschaft. Dieselbe Haltung findet sich gegenüber dem Traum als Steinbruch zur Deutung um der Therapie willen: Reduzierung des grenzenlosen emotionalen wie intellektuellen Reichtums des Traums auf eine, und nicht einmal die wichtigste, seiner Funktionen und Möglichkeiten –

weil der Mensch in jedem Traum Vorhandenes umformt:

– es geht um Heimlichkeiten, Konkurrenz und Vertuschungsmanöver unter Leuten auf einem Weltraumbahnhof, von wo aus Fahrten mit kleinen, fast autoartigen Raketchen ins All organisiert werden, in denen jeweils nur zwei Personen Platz haben und die jeweils zwei bis drei Düsen haben, es gibt Gerangel, wer welches bekommt, wer mit wem und wer wann, außerdem bezweifle ich, dass zwei Düsen reichen, und frage, was ist, wenn der Sprit ausgeht, wenn man gerade im All ist, was hoch und heilig als völlig unmöglich dargestellt wird, und es ist in der Tat eine Zumutung,

15 Derselbe, S. 162.
16 Derselbe, S. 117.
17 Derselbe, S. 111.
18 Derselbe, S. 117.

anzunehmen, dass die uns mit zu wenig Sprit oder zu wenig Düsen ins All schicken wollen –

– weil der Mensch im Traum immer wieder Vorhandenes zu etwas Neuem umgestaltet, vergleicht Freud in seinem Kapitel über die somatischen Traumquellen deren Rolle mit einem zentralen Kriterium jeglicher Kunst, in diesem Fall der Bildhauerei: »Der Fall ist etwa ähnlich, wie wenn der Kunstgönner dem Künstler einen seltenen Stein [...] bringt, aus ihm ein Kunstwerk zu gestalten.«[19]

Wenn der Traum den Ursprung aller Kunst darstellt, ist dieser Hinweis Freuds ein plastisches Beispiel dafür: Der Mensch haute zum ersten Mal ein Gesicht in einen Fels, weil er im Traum real erfahren hatte, dass er selbst im Traum Menschen begegnen konnte, die es im Wachen nicht gab, die er also in seiner im Traum realen, von ihm gestalteten Welt selbst erschaffen hatte. Er machte also in der wachen Welt nach, was er im Traum bereits getan hatte.

Es war niemand dabei, der dies bezeugen könnte, aber ich vermute, dass dies sich unbewusst abspielte. Wahrscheinlich hatte dieser Mensch in der Nacht zuvor einen Traum der Art gehabt, wie er Freud viele tausende von Jahren danach auch widerfahren war: Er hatte aus zwei Menschen einen gemacht.

Der Blick dieses Jägers oder Sammlers fiel bei seiner morgendlichen Nahrungssuche auf einen Stein, der ihn an etwas erinnerte, nämlich ein Gesicht. Es war dies kein Gesicht, das ihn an einen ihm bekannten bestimmten Menschen erinnerte, sondern an das von ihm selbst im Traum erzeugte, eines von ihm selbst geschaffenen Menschen.

Die zwar unbewusste, aber im Traum als reale Erfahrung gemachte und im Wachen als körperlich intensive Empfindung gespürte Bestätigung der Gewissheit, dass er andere als die real existierenden Menschen mit seinem Geist erschaffen kann, erzeugte den Impuls, nach Mitteln zu suchen, dies auch im Wachen materiell tun zu können.

Neben dem runden Stein, der ihn an dieses Gesicht erinnerte, lag ein konisch zulaufender. Er nahm den runden in die linke, den keilförmigen in die rechte Hand und trieb dessen Spitze so lange rechts und links neben den Knubbel in der Mitte des Steins, bis dieser einer Nase

19 Derselbe, S. 245.

ähnelte. Davon angetrieben, umrandete er die beiden dunklen Punkte rechts und links oberhalb der Nase mit ovalen Kerben, und die Augen waren geschaffen. Der immer noch intensiv spürbaren Stimmung seines Traums folgend, trieb er den Strich unter der Nase rechts und links ein wenig nach oben, und das von ihm geschaffene Abbild eines Menschengesichts lächelte:

Das erste Kunstwerk war geschaffen.

Dieses in Stein gehauene Menschenantlitz erzeugte in ihm und den Mitgliedern seines Stammes vollkommen neue, in ihrer Heftigkeit überwältigende emotionale Bewegungen. Das Kollektiv stellte diesen Auslöser neuer Dimensionen von Welterfahrung, also die Möglichkeit von Manifestation von Traumerfahrung in der Wirklichkeit, auf einen Sockel in der Mitte der Höhle, in der sie lebten, und die Menschen versenkten sich einzeln und als Gruppe in seinem Anblick:

Der erste Fetisch war geboren.

Bald umringte man gemeinsam diesen Fetisch, gab sich die Hände, umkreiste ihn und machte dabei Sprünge und Bewegungen, wie man sie bisher nur aus den Träumen kannte:

Die Tanzkunst war geboren.

Nachdem die Gruppe ein Reh verspeist hatte, das eines ihrer Mitglieder erlegt hatte, nahm die Frau des Jägers, die es in der Nacht zuvor im Traum hatte fliehen sehen, bevor es der Pfeil ihres Mannes traf, einen porösen dunklen Sandstein und zeichnete das fliehende Tier aus Dankbarkeit für die Erfüllung ihres existentiellen Wunschtraumes an die Höhlenwand:

Die Malerei war geboren.

Die Erfahrung der Gruppe, dass diese neuen Tätigkeiten und Erlebnisse, die Wahrnehmung ihrer Selbst und ihres Gruppenzusammenhangs in ungeahntem Ausmaße intensivierten und verbesserten, führte dazu, dass sie sie regelmäßig wiederholten:

Ritual, Kult und in der Folge Religion waren geboren.

All dies als Folge der Übertragung der Traumerfahrung in die wache Welt.

Mit der Befreiung von der Religiosität des Fetischs wurde einige Jahrtausende später aus unbewusster Kunst bewusste Kunst, als erster Schritt einer von Menschen nach Menschenideen geschaffenen Welt –

Kunst also ist der erste Schritt der Schaffung einer anderen Welt:
– wieder mal bei der Fantasia-Druckerei, die inzwischen mit den Hardebeker Druckern fusioniert hat und zu einem respektablen Großbetrieb, der ständig weiter fusioniert, geworden ist; Holler läuft herum, mit fast abwesendem Blick, gehört zu den Bossen, überall Baustellen, Containerhäuschen werden aufgestellt, in denen die Arbeitermassen wohnen können; es ist immer noch ein Kollektivbetrieb, aber von beklemmender Ameisenhaftigkeit, überall wuseln Männlein und Weiblein wie bewusstlos herum; ich will damit nichts zu tun haben, höchstens in einem Container sitzen und schreiben, was mir aufgrund meiner alten Verdienste jetzt zugestanden werden könnte, aber die deprimierende Atmosphäre lässt nicht nach; Kutten haben die emsigen Arbeiter an, und als eine Frau mit einem Gabelstapler in einen Haufen fährt, muss sie zum Ausgleich für den Schaden an dem Haufen armer Männlein, den Rock hochheben und sich penetrieren lassen – ich wende mich angeekelt ab –
– und diese stellt der Traum vor, insbesondere die dazugehörende Haltung. Kunst ist säkularisierte Religionsausübung und ›Utopie‹ der säkulare Begriff für das ›Paradies‹, das ›Neue Jerusalem‹, das ›Himmelreich auf Erden‹ oder wie all die Begriffe für die ewige Sehnsucht der Menschen nach einer friedlichen Welt heißen mögen.

Ob diese Welt eine schöne neue oder eine alte hässliche ist, hängt davon ab, was die Menschen aus dieser Chance machen. Wie im Traum miteinander umgegangen wird, liefert das Material, aus dem man in der einen oder der anderen Richtung seine Schlüsse ziehen kann. Es bleibt den Menschen überlassen, welche Schlüsse sie draus ziehen und was sie daraus gegebenenfalls machen.

Damit ist der Traum der Schlüssel zur Utopie – ob diese eine bessere oder schlechtere Welt als die bestehende darstellt, hängt davon ab, ob die Menschen diese Chance ergreifen oder nicht. Geöffnet werden kann die zu diesem Schlüssel gehörige Tür nur von wachen, also reflektiert bewussten Menschen, die ihre Träume nicht nur als Indikator individueller Verfassungen, sondern als Bild der Gesellschaft sehen.

Deshalb bleibt die Qualität des zukünftig Umgesetzten offen: Wer nicht will, dass alle Menschen gleich wert sind, wer sich von Freiheit bedroht fühlt, wird das Signal aus den Träumen dazu benutzen, dafür zu sorgen, dass diese Vision nicht eintritt. Er/sie betont am lautesten, dass

Träume Schäume seien, unrealistisch im Sinne von nicht realisierbar wie die Verhältnisse, an denen man nichts ändern könne.

Die zukünftige setzt sich wie die gegenwärtige Gesellschaft als aus den Träumen ihrer Individuen und dem Maß der Verwirklichung ihrer Wünsche gebildete zusammen. Am Charakter der bestehenden Gesellschaft ist abzulesen, dass weder die Individuen ihre Träume ins Leben transferieren, noch sie mit anderen zusammenführen, und deshalb von den Ersatzangeboten einer Gesellschaft leben, in der nicht die Vision einer ausgeglichenen Menschheit, sondern die Diktatur des Profits herrscht: das neueste Smartphone anstatt Kommunikation.

Aus dem ersten lächelnden Kunstwerkskopf aus Stein wurden auch nach zigtausenden von Jahren bis jetzt nur Smileys, standardisiert einfacher Ausdruck von nach Austausch suchenden Menschen, die keine andere Ausdrucksform kennen, weil sie ihre Träume als Unsinn oder bestenfalls Psychomaterial abtun, denn eine Gesellschaft hätte zufriedene Menschen, wenn sie ihre Träume als Abbild der Gesellschaft sehen und daran erkennen könnten, was sie zu ändern hätten, wenn sie sie anders haben wollten –

ein banaler Wunschtraum:
– mitten in der Nacht wird es plötzlich hell, so ungeheuer, dass ich glaube, den Verstand zu verlieren, vielleicht der Weltuntergang, vielleicht Gott, der sich zeigt, vielleicht eine Atombombe – eine wunderschöne, ungekannte Erwartung, eine feierliche, Versöhnung versprechende Ankündigung –
– und damit ein Beispiel für den beliebigen Charakter der individuellen Deutung, die nichts den Träumenden besonders Charakterisierendes ausdrückt: Wer hätte nicht gern, dass alles gut wird?

Auch Weltuntergang, Gott und Atombombe machen nicht den besonderen Charakter dieses Traumsplitters aus, sind eher eine banale Mischung, aber dass darauf »feierliche, Versöhnung versprechende Ankündigung« folgt, bestätigt den das nicht nur individuelle, sondern gesellschaftliche Wunschziel darstellenden Charakter des Traums an und für sich.

Die Utopie ist die Aufhebung der Widersprüche, im Sinne ihrer Bewahrung und Beendigung zugleich, das Bewusstsein ihrer Existenz bleibt erhalten, aber sie behindern nicht mehr: Widersprüche wird es immer geben, Leid und Schmerz gibt es auch in der utopischen Gesellschaft, aber es kann dort mit ihnen umgegangen werden, weil sie nicht Folge von Unterdrückung und Macht von Menschen über Menschen sind, sondern, im herrschaftsfreien Raum, Ausdruck der menschlichen Natur –

das Traumhafte am Traum ist die Freiheit:
– zumal ich danach erst in der Arkade, dann auf dem Gehweg überhaupt, dicht über den Köpfen der Menschen fliege; sie sehen mich offenbar nicht, was noch besser ist, denn damit ist doppelt gesichert, dass mit dem Cannabis nichts passiert, ich stoße mich in der Luft ab und komme damit gut weiter, etwas später setze ich ab und gehe an einem stark befahrenen Platz ein paar Schritte, bin schon traurig, dass ich jetzt eventuell nicht mehr fliegen kann, aber es braucht nur wenige abstoßende Schritte und schon fliege ich wieder, einfach zwischen und knapp über den Autos über den Platz; einer macht es mir nach und springt von Kühlerhaube zu Kühlerhaube –
– die Idee der Freiheit kommt vom Traum. Ein kleines Beispiel dafür ist das Beglückende großer Übersichten im Traum, weit ins Land hineinsehen zu können, kilometerweit. Die Steigerung davon ist Fliegen und im Flug ganze Landschaften übersehen zu können.

Als ich einmal mit Schulkindern in einem Workshop eine gemeinsame Geschichte entwickelte, ließ ich sie alle zunächst Träume erzählen. Auch die Kinder malten erschreckend realistische Gesellschaftsbilder: Sie erzählten von Eltern mit eckigen Köpfen oder wie sie aus Versehen bis zur Endstation der S-Bahn gefahren waren und dort wohnen blieben. Davon zur im Workshop geplanten Geschichte übergegangen, waren sie zu einem erfundenen Traum animiert, fielen in ein imaginäres Loch im Schulzimmer, in dem wir saßen, und fanden sich in einem unterirdischen Märchenland wieder, in dem Pommes Frites auf Feldern wuchsen, zwischen denen riesige Ameisen liefen, weshalb sie es Ameisenland nannten. Sie hatten aber keine Angst vor diesen, sondern kletterten auf sie, um auf ihnen zu reiten, wobei ein Mädchen begeistert rief: »Wir sind frei!«

Angstfrei, schulfrei, elternfrei: Freiheit als Zustand der Abwesenheit von Macht – im echten Traum an der Endstation der S-Bahn und im künstlichen Traum im Ameisenland vorgelebt.

Im Gefängnis träumte ich oft, in den Hof hinauszutreten: psychoanalytisch gesehen ein banaler Wunschtraum, sozioanalytisch spiegelt das den Zynismus der Bezeichung ›Frei‹stunde –

die Normalität des Außergewöhnlichen:
– aus einem Geschichtsbuch: Goethe, der im Jahre 1978 noch lebte, verhinderte den Bau eines der gigantischsten Hochhäuser der Welt und erreichte, dass der neben dem Frankfurter Bahnhof geplante Bau nicht höher als dieser wurde, was dazu führte, dass jetzt praktisch nur noch die Fundamente des ursprünglich geplanten Baus tatsächlich gebaut wurden –
– die reale Möglichkeit des Unmöglichen, sie stellt der Traum als Selbstverständlichkeit dar – ganz banal und keine Überraschung darstellend kommt sie daher. So alltäglich sieht das Paradies aus –

früher wurden Träume als Zukunftsvoraussagen verstanden:
– einer kann aus Utopie eine Welt machen, eine richtige Kugel zwischen seinen ausgebreiteten Händen und dort machen die Leute alles, was nötig ist, freiwillig, aber ich will nicht, es ist tatsächlich ganz einfach möglich, ganz undogmatisch, aber ich empfinde es als beklemmend und wende mich ab –
– und irgendwas ist ja an allem dran: Sieht man Träume als sich selbst erfüllende Voraussagen, könnte man sie als eine Art Selbstprogrammierung verstehen: Nachdem ich im Traum den Mordanschlag eines eifersüchtigen Ehemannes überlebt hatte, wurde ich dadurch unvorsichtig genug, mich auf eine Affäre mit einer verheirateten Frau einzulassen – und überlebte tatsächlich den Messerangriff des eifersüchtigen Ehemannes, was freilich nicht dem Traum zu verdanken ist, sondern dem Zufall.

Man sieht nicht im Traum etwas vorher, sondern man kommt durch den Traum an eine gewisse Disposition, die das Verhalten/Handeln lenkt oder – unbewusst – bestimmt, weswegen es schicksalhaft erscheint: Man träumt aber bestimmte Ereignisse nicht, weil sie später eintreten werden, sondern sie treten ein, weil man sich – aufgrund des Traums – so verhält, dass sie eintreten; wie der Paranoiker, der unbewusst alles tut, damit das von ihm Befürchtete eintritt, und, wenn es das tut, sagt: ›Ich hab's doch gewusst!‹

Freud begriff Träume später als Steinbruch, in dem er Ursachen von Neurosen entdeckte. Mit diesen Recherchen sind sie als Manifestationen gesellschaftlicher Verhältnisse kenntlich geworden, die Abbild und Alternative zugleich in sich tragen.

Sie sagen nicht, wie diese Alternative aussieht und schon gar nicht, wie sie zu realisieren wäre, aber sie transportieren die Möglichkeit ihrer Verwirklichung, weil sie als Wirklichkeit erfahren wird –

kurz auf die Perspektive der Vögel umschalten und zurück:
– es findet ein Kindergeburtstag statt, bei dem Ebby Musik macht, und plötzlich sind aufgeregte Rufe zu hören: »die Ablassvögel, die Ablassvögel«, sie fliegen über uns, man kann sie aber nicht sehen, dafür in einer Zeitung deren Blick vom Himmel: ganze Kontinente sind zu sehen, so hoch fliegen die, die halbe Welt, ich komm aus dem Staunen nicht mehr raus, und Ebby grüßt sie verschmitzt nach oben sehend –
– welche Erkenntnis ist daran wichtiger? Dass dies Ausdruck eines Wunschtraums ist oder welch gottgleiche schöpferisch geniale Eigenschaften des Menschen an diesem sichtbar werden? Warum nicht »die Ablassvögel, die Ablassvögel« als Vorstellung kommen lassen, ohne eine Bedeutung zu suchen? Warum nicht das Bild wirken lassen: Wie sehen Ablassvögel wohl aus?

Träume sind Erfinder und damit Anstifter von Erfindern, die sie als Tagträume verwirklichen –

Träume sorgen immer für eine Überraschung:
– ich kann mich aber nur schwach erinnern, weswegen er zitiert, was ich gesagt habe, woraufhin ich mich erinnere und den Kopf schüttele und sage: »Ich nehme kein Wort zurück, es ist alles haargenau so, wie ich damals schon gesagt habe« und meine Worte haben etwas Dunkelviolettes, knubbelunterbrochen Gestängiges, wie ein vergrößertes Genmodell, in etwas Soßenartigem schwimmend, wie Blaubeermatsch, der leicht gefroren ist, aber daran hat sich heutzutage gar nichts geändert –
– dieser Traum wurde auf der rechten Körperseite, der Seite der Leber liegend, geträumt. Die Bedeutung der somatischen Traumquellen erfahre ich immer wieder am eigenen Leib.

Werde ich in der Nacht, während ich mich von der einen Seite auf die andere drehe, wach und versuche, mich an den Traum zu erinnern, aus dem ich gerissen worden bin, stelle ich fest, dass die Erinnerung an ihn durch das neu eingetretene Körpergefühl vertrieben wird, drehe ich mich wieder auf die verlassene Seite und lasse das vorige Körpergefühl wieder in mich fließen – kommt die Erinnerung an den Traum zurück.

Oder aber es kommt zum Weiterträumen. Wenn man nur döst, aber schon anfängt zu träumen, wiederholt sich der Anfang immer wieder, sobald man den Körper anders legt, verändert sich die Handlung des nächsten Traumanfangs.

Die Träume wälzen sich durch den Kopf, wie man sich selbst von einer Seite auf die andere wälzt. Dabei stellte ich bald, und unzählige Male bestätigt, fest: Rechts liegend träumt man abstrakt, links konkret, rechts mehr Sublimiertes, links mehr Sexuelles, rechts Absurdes, links logisch, und auf dem Rücken, wenn man womöglich in Atemnot kommt, kann man Albträume bekommen.

Die Griechen vermuteten in der Leber die Seele. Dies würde erklären, warum sich die von der Leber beeinflussten Träume in geheimnisvolle Tiefen verlaufen, die mit Begriffen kaum erfasst werden können, während vom Herzschlag, dem Motor des Menschen als Puls der Zeit, beeinflusste, handfeste Action ausgeht.

Der Streit der Gelehrten, ob und wenn ja, in welchem Ausmaß die Träume von physischen und psychischen Impulsen gebildet werden, ist müßig. Naturbedingterweise von beiden – und zwar immer, und das Verhältnis der beiden ist genauso wenig bestimmbar wie das von ›Kopf‹ und ›Bauch‹, das Verhältnis der rationalen und irrationalen Elemente des Denkens und Handelns, eben des Verhältnisses von Körper und Geist beim Zustandekommen einer aktuellen Gemütsverfassung. Warum sollte es in der Nacht anders sein als am Tag, im Traum anders als im Wachen? Wie ist die sexuelle Traumquelle einzuordnen: als somatische oder psychische Reizquelle?

Wenn Freud von den somatischen Reizquellen meint: »Sie werden zur Traumbildung herangezogen, wenn sie sich zur Vereinigung mit dem Vorstellungsinhalt der psychischen Traumquellen eignen, im anderen Falle aber nicht«[20] und dann auch noch eins draufsetzt und unterstellt: »Sie [die somatischen Reizquellen, C. W.] werden wie ein wohlfeiles, allzeit bereitliegendes Material behandelt, welches zur Verwendung kommt, sooft man dessen bedarf«[21], somatische Reizquellen also mit kostengünstigen Prosituierten gleichsetzt, dic der Traum »verwendet«, »sooft man [ihrer] bedarf«, ohne den geringsten Hinweis zu geben, warum das so sein soll, dann spiegelt dieses Gesagte eher seine Haltung dazu, als dass es etwas über die somatischen Reizquellen sagte.

20 Derselbe, S. 245
21 Derselbe, S. 245

Es ist dies dieselbe Haltung, wie Freud sie gegenüber dem Traum als Ganzem entgegenbringt: »wohlfeiles, allzeit bereitliegendes Material [...], welches zur Verwendung kommt, sooft man dessen bedarf«.

Aus über den Harndrang hinausgehenden somatischen Reizquellen lassen sich nun mal nicht so leicht konkrete inhaltliche Schlussfolgerungen ziehen wie aus Tagesrestquellen oder Kindheitstraumata; Träume sind deshalb aber ganz bestimmt genauso wenig »wohlfeiles, allzeit bereitliegendes Material«, wie es ihre somatischen Reizquellen sind, sondern eigenständige Faktoren innerhalb des psychischen Gesamtzustands –

Träume sind Spiegel:

– ich komme in New York an und sehe, wie die Schiffe in die Flüsse eingeschleust werden, entweder in Modellform oder von ganz oben, die Schiffe müssen eine kleine Strecke rückwärts fahren, und ich komme in ein Büro, es kann aber auch ein Wohnzimmer oder Treffpunktzimmer einer Gruppe sein, in dem am Tisch lauter Leute sitzen, denen ich Geschichten zeige und Plakate; es ist eine heitere Atmosphäre und wir kommen uns näher, insbesondere eine schöne Frau und ich, wir neigen uns über ein Plakat, rücken ganz eng zusammen, sie beugt sich unter mich, um mich zu sehen, lächelt mich an und legt plötzlich ihre Hand um meinen Kopf, zieht ihn zu sich herunter und küsst mich in unsagbarer Zärtlichkeit, alles wird dunkel, wir spüren nur unsere Lippen, die ganz leicht geöffnet sind, und nur mit einem Hauch von Zungenspitze berühren wir uns – die Anwesenheit der anderen stört in keiner Weise, und als wir uns voneinander lösen, ist eine starke, warme, tiefe Spannung zwischen uns entstanden, von der wir wissen, dass sie nicht aufzulösen sein wird, die aber auch eine gewisse Trauer auslöst, und als ich mich mit meinem Freund Fips im Hotelzimmer für das Abendessen umziehe, kommt schon die Warnung: auf keinen Fall, der Freund meiner neuen Geliebten tobt, droht mit Tod und Rache, aber wir lassen uns nicht abhalten, ich ziehe einen dunklen Zweireiher an, Krawatte, weißes Hemd, Manschetten, Fips auch, und im Restaurant ist für uns ein Tisch etwas abseits der Gruppe der Essenden und der Gruppe der Geliebten zu sehen, schon gedeckt, die anderen sitzen erhöht, unser Tisch steht auf Höhe des Eingangs, einer Glaswand mit Klapptüren; plötzlich steht der Freund meiner neuen Geliebten in der Tür, bebend vor Zorn, vibrierend, wie in einem Western, das ganze Lokal sieht hin, keiner sagt etwas, keiner ergreift

Partei für ihn oder mich, wir sitzen ohnehin isoliert und sofort kommt er an unseren Tisch, kann sich kaum beherrschen, spricht mich sogleich an, beschimpft mich, provoziert, indem er Sachen umschmeißt, ich stehe auf, gehe einfach nicht darauf ein, er ist zornesrot, wird immer wilder, kommt ganz nah an mich ran, fuchtelt rum, ich sage ruhig, dass ich nicht bereit bin, mich zu prügeln, er will mich schlagen, tut es aber nicht richtig, ich wehre leicht mit den Armen ab – da hat er plötzlich ein riesiges Hackmesser in der Hand, mit dem er mich bedroht – es lag auf meinem Tisch – ich versuche auszuweichen, er verfolgt mich, schwingt es drohend, will immer wieder zuschlagen, aber ich weiche aus, er verfehlt mich immer wieder, bis er es endlich voller Wucht auf mich wirft, wieder weiche ich aus, aber er trifft mich trotzdem etwas, streift am Hals, ich spüre nichts, aber weiß, dass ich getroffen bin, und schlage wütend auf ihn ein, mit den Fäusten, aber ohne ihn ernsthaft zu verletzen, eher trommelnd, er selbst rennt auch ständig gegen mich an, bis wir getrennt werden: er ist tot; ich erfahre es kurz darauf, nachdem ich wieder mit ihr zusammen bin, ich lese den Totenschein: er war Bluter, er wusste, dass er sterben würde, wenn er mich auch nur angreift, ich bin unschuldig, denn im Totenschein steht ausdrücklich, dass er an sich selbst beigefügten Verletzungen gestorben ist; ratlose Trauer breitet sich aus, meine neue Geliebte und ich lieben uns noch mehr, aber alles ist hoffnungslos, Fips liegt in ein weißes Laken gehüllt auf einem Feldbett und pennt, und ich stehe mit Walter Jens an einem Stehpult und prüfe Formulare, plötzlich blendet uns grelles Licht, Fotografen, hinter ihnen, meine Rechtsanwältin in einem silbergrauen Rolls-Royce, die uns etwas zuruft, es wird auf jeden Fall einen Prozess mit großem öffentlichen Interesse geben –

– Träume spiegeln die Verhältnisse und machen sie somit kenntlich, als Zerrspiegel mit dem Vorschlaghammer – woher kommt aber dieser pawlowsche Reflex, Träume nur in Bezug auf sich selbst interpretieren zu wollen? In Spiegeln kann man sehen, was ist, warum will man dann nicht das Ganze interpretieren, das man sieht? Auch wenn man sich selbst im Spiegel sieht, steht man darin ja nicht im luftleeren Raum, sondern in einer Umgebung, die sogar noch viel weiter geht als der Bereich, den man sehen kann.

Ich habe einerseits die Erfahrung gemacht, dass das bewusst und gezielt sinnliche Einlassen auf den Traum, ohne über ihn nachzudenken, seine Stimmung zu spüren und diese Empfindung zu verstärken, mich unglaublich stärkt, mir eine schützende Aura verleiht, Selbstsicherheit und Lebenslust, das Reflektieren über den Traum andererseits aber genau die diese Reaktion hervorrufende Empfindung zerfrisst, wegätzt, als ob eine grenzenlose Wolke zu einer handlichen Knetmasse zerrönne. So sehr das Erkennen von Funktion, Sinn und Bedeutung eines Traums durchaus für das wache Leben hilfreich sein kann, so sehr reduziert es die unbewusst heilende Wirkung des Traums, als ob sich diese beiden Umgangsformen mit ihm widersprächen, sich gegenseitig ausschlössen, sie miteinander konkurrierten.

Nun beansprucht der individuelle Interpretationsgedanke, der psychoanalytische Zugang zum Traum, heilende Funktion, die darauf abzielt, das Individuum wieder gesellschaftsfähig zu machen. Die unbewusst wirkende Heilung durch den Traum zielt dagegen darauf ab, die Gesellschaft, überspitzt gesagt, ›individuumsfähig‹ zu machen. In der erstgenannten Herangehensweise soll sich das Individuum der Gesellschaft unterordnen, in der zweiten die Gesellschaft dem Individuum. In der ersten soll sich das Individuum an die Gesellschaft anpassen, in der zweiten die Gesellschaft an das Individuum.

Der Traum stellt nicht nur individuelles, sondern auch kollektives Unbewusstes dar. Damit offenbart er die sozialen, zivilisatorischen Krankheiten der Gesellschaft. Das vorausgesetzt, könnte die reflexartig aufs Individuum reduzierte Interpretationswut, die von Träumen ausgelöst wird, als Abwehrreflex der Gesellschaft gegenüber ihrer Selbsterkenntnis als Voraussetzung zu ihrer eigenen Veränderung erklärt werden.

Denn was liegt näher, als den Traum als Bild der Welt zu sehen, Darstellung der Verhältnisse aus der Sicht des Träumenden, Messgeräte für Gutes wie Schlechtes in der Gesellschaft?

Was liegt näher, als den Traum als Kunstwerk zu sehen, wenn man bedenkt, dass es Theater schon vor 2000 Jahren in einer so hoch entwickelten Form gab, dass sie bis heute kaum weiterentwickelt werden konnte, also schon so lange Gutes und Schlechtes der Gesellschaft zur geistigen Disposition gestellt wurde?

Friedrich Schiller unterscheidet »den denkenden Künstler von dem Träumer«[22] und unterstellt damit dem Traum Beliebigkeit und Zufällig-

22 Derselbe, S. 117.

keit. Das Gegenteil ist der Fall: Träume sind als gesellschaftliche Wunschträume bis ins letzte Detail auf das träumende Individuum abgestimmte Korrekturangebote. Das Unbewusste inspiriert, das Bewusstsein kann Verwirklichung auslösen. Gesellschaftlich stellen Träume Modelle vor, in denen die Ursache von Konflikten nicht in Herrschaftsinteressen und deren gewaltsamer Durchsetzung liegen, wie sie es in der gegenwärtigen Welt bis zur Inkaufnahme ihrer eigenen Vernichtung Realität sind, sondern die Ursachen von Konflikten naturgegebene sind, die den Einzelnen schuldfrei lassen. Sie stellen die Haltung dar, aus der heraus mit Konflikten umgegangen werden kann und sollte: Mitgefühl anstatt Hass stellt der obige Traum dar, Verzweiflung anstatt Vernichtung, Respekt anstatt Verachtung. Der soziale Heliotropismus des Traums ist kein esoterischer Schnickschnack, sondern eine naturgegebene Überlebensfunktion des Menschen.

Natürlich kann sich die Gesellschaft nur ändern, wenn sich ihre Individuen ändern. Die Chance dazu bekommt jedes einzelne Individuum durch den Traum. Ändern sich die Individuen, ändert sich die Gesellschaft, und zwar von alleine. Man kann die Gesellschaft nicht ändern, aber man kann etwas dazu beitragen, dass sie *sich* ändert.

Die Paradiesvorstellung kommt vom Traum, und dieser Traum zeigt, dass es auch im Paradies unglückliche Liebe gibt, was darüber hinaus rein logisch damit erklärbar ist, dass ohne unglückliche keine glückliche Liebe erklärbar, ja selbst als solche nicht erkennbar wäre.

Das »grelle Licht« ist das um sechs Uhr morgens in der Zelle von außen angeschaltete Licht, vor dem Aufwachen kommt noch die Rechtsanwältin ins Spiel und als letzte Traumerinnerung das Wissen um den »Prozess mit großem öffentlichen Interesse« – der Mensch ist eben ein ›Zoon politicon‹, ein ›politisches Tier‹, ein gesellschaftliches Wesen, und der Traum stellt dieses den Menschen als Menschen konstituierende Moment jedesmal neu in allen seinen Facetten dar: der Mensch ist als politisches Tier eines, das im Gegensatz zu den anderen Tieren seine Widersprüche durch Kommunikation und Abstimmung und nicht durch Herrschaft und Gewalt lösen könnte –

ein kleiner Hinweis auf die Dimension des Nicht-Erinnerten:
– ein endlos langer Flug, und doch verhältnismäßig kurz, da er um die halbe Welt geht, im Jumbo, zum Teil ganz dicht über der Erde, ab Warschau fahren wir mit dem Auto, am zweiten Tag essen wir in einem Café, und danach ist mein Geld weg, ich will es suchen –
– »verhältnismäßig kurz, da er um die halbe Welt geht« – ein Flug um die halbe Welt hatte also stattgefunden, mit Sicherheit bis ins Detail von ganz oben gesehen und bis zum Sausen im Bauch erfahren, die Erfahrung einer halben Welt, eine Fülle von Eindrücken, wie man sie in einem halben Leben kaum sammeln kann. Das Erinnerte sind Brosamen des Laibes Traum, selbst wenn man eine lange, komplizierte Geschichte erinnert. Aber die Brosamen haben die Struktur des Ganzen in sich: in gewisser Weise ist das Erinnerte Spitze des Eisbergs, insoweit es, weil bizarr, überhaupt erinnerbar ist. Die Spitze des Eisbergs ist immer eine Warnung. Träume sind nicht gefährlich, sie sind ein Abbild von Gefahr, aber –

im Traum wird man immer gerettet:
– aber dann will ich über die Straße und sehe ein weißes Auto ranrasen, überlege kurz, ob ich es vorher noch schaffe, riskiere es aber dann doch nicht, und schon rast es auf der regennassen Kopfsteinpflasterstraße an mir vorbei, mitten in der Stadt, mit mindestens hundertachtzig Sachen, aber vor dem nächsten Auto komme ich rüber und in eine echte Drehszene für einen Film neben einem Hochhaus auf einem brückenartigen Vorsprung, über den einer geworfen wird, der fällt und fällt und fällt und in einen wilden Fluss platscht, von dem er in den Tunnel unter dem Haus gerissen wird, oben geht es turbulent weiter, aber ich denke, dass ich träume und mir deshalb nichts passieren kann; selbst wenn ich auch runtergeworfen würde, und in dem Tunnel im Wasser verschwände, passierte mir nichts, was ein regelrechtes Glücksgefühl erzeugt –
– es kann einem in Träumen nichts passieren. Träume finden immer einen Ausweg, selbst aus der allerletzten Sackgasse. Selbst als ich mal hingerichtet werden sollte, fand sich eine überraschende Abwendung. Gefährlichste Situationen lösen sich in Luft auf. Oder eine Bedrohung entpuppt sich plötzlich als Bluff. Wie oft wurde ich verhaftet und es hatte keinerlei Folgen. Ultima Ratio dieser Schutzutopie ist schlicht aufwachen.

Urvertrauen. Der Höchstgrad an utopischem Denken. Mit Gewissheit bei jedem träumenden Menschen vorhanden, selbst wenn es von dem Menschen selbst gar nicht wahrgenommen wird. Unabhängig selbst von materieller Verwirklichbarkeit. Reines utopisches Denken. Unschuldiges utopisches Ermöglichen der unmöglichsten Wünsche.

Nach diesem Charakter der Träume werden Träume ›Träume‹ genannt: weil in ihnen alles gut wird. Deshalb hat der Begriff ›traumhaft‹ eine uneingeschränkt positive Bedeutung. Die jedem Menschen innewohnende Sehnsucht nach Frieden setzt soziale Verständigung voraus. Dies implizieren die Träume, die jene Sehnsucht ausdrücken. Das macht den soziales Verhalten fördernden Charakter von Träumen aus, indem sie vermitteln: es ist nur dann ›alles gut‹, wenn nicht nur für das träumende Individuum, sondern auch für alle anderen ›alles gut‹ ist.

Insofern sind sie Vorbilder utopischer Vorstellungen gesellschaftlicher Art. Sie würden im Unbewussten wirksam werden, wenn sie nicht vom Bewusstsein zu Unsinn erklärt würden, sondern sich im Träumenden ungehindert auf ihre Art verdient machen könnten –

Träume sind das angewandte »Prinzip Hoffnung«:
– alle schmeißen alles weg, ich steige ganz aufs Dach hoch, um bei mir auch wirklich alles zu holen, die letzten Reste, Kästchen und Schachteln, in denen noch irgendwas drin ist, steige bis in den obersten Stock das letzte Stück mit einer Leiter hoch und sehe, wie alle Leute wegrennen und alle Leute alles wegschmeißen, es ist offenbar der Weltuntergang, aber kein Drama, keine Panik, keine Katastrophe oder so, sondern alles ganz normal, routineartig, also alles Wertvolle und so kommt richtig auf einen Haufen und ich brauche es gar nicht runterzunehmen bis ins Parterre, sondern schmeiße es vom obersten Stock beziehungsweise vom mittleren Stock aus gleich über das Geländer runter auf einen Haufen, aber nicht das Kästchen gesamt, sondern ich mache das Kästchen auf, leere es aus und werfe es dann hinterher und denke dabei, dass wenn dann doch noch jemand weiter da wäre, der dadrin rumwühlte und suchte, dass der dann wahnsinnige Sachen finden würde; es ist zwar Weltuntergang, aber nicht weiter schlimm, nur so, als müsse man vorher noch aufräumen –
– der Weltuntergang ist »nicht weiter schlimm«. Der Mensch ist ein ›Zoon politicon‹, ein ›politisches Tier‹, ein gesellschaftliches, soziales

Wesen. Er kann nur Mensch sein durch und über andere Menschen. Aber alle Menschen zusammen schmeißen alles weg. Vielleicht ist es ja ein Alles-Wegschmeißen, um uneingeschränkt komplett neu anfangen zu können. Deswegen nicht »weiter schlimm«.

Dies drückt Zeitgeist aus. Der Zeitgeist der Gesellschaft beeinflusst und prägt die Menschen im Unbewussten. Da Träume vom Unbewussten gespeist werden, spiegelt sich der Zeitgeist in den Träumen wider.

Aus diesem Grund sind sie mehr Sozio- und weniger Psychogramme.

Dieser Traum ist kein persönliches Alleinstellungsmerkmal meiner Person, sondern ich muss davon ausgehen, dass viele Menschen ihn in derselben Stimmung in anderen Formen, aber mit demselben Inhalt träumen. Er wurde in einer Zeit geträumt, in der aufgrund des Ost-West-Konfliktes viel vom Weltuntergang die Rede war. Damit ist er Ausdruck der menschlichen Haltung, dass der Mensch sich an alles gewöhnt.

Was ihn zum Kunstwerk macht, das wahre Urgründe der gesellschaftlichen Zustände entlarvt, ist der letzte Satz des oben zitierten Traumprotokolls: »nur so, als müsse man vorher noch aufräumen« –

insoweit die Psychoanalyse dem Traum nur eine für das Individuum relevante Bedeutung zumisst:

– und es ist sofort klar, das ist die befreite Welt und es ist tatsächlich so, dass sie kaum anders aussieht als die bekannte, aber ihre Ausstrahlung ist sofort ganz anders, man sieht eine hügelige Landschaft mit ein paar Häusern, eher Schwarzwald-artig, und er/ich falle auf die Knie vor Freude und Dankbarkeit –

– raubt die psychoanalytische Betrachtung des Traums dem Individuum die Kraft, die dieser den Menschen zur Umgestaltung der Welt geben kann. Der psychoanalytische Zugang zum Traum versucht, den Traum zu katalogisieren; das geht aber nicht. Man kann nicht eine Wolke zu kompakten Kügelchen einschmelzen. Das erklärt neben anderem, warum nur die wenigsten Menschen im Wachen diese Kraft künstlerisch oder politisch zur Geltung bringen können, und selbst sie nur ansatzweise.

Etwas und jemand hindert sie daran. Schlussendlich sind es gesellschaftliche Verhältnisse, die das Ausleben dieser Fähigkeiten blockieren, da sich diese nur in einer freien Gesellschaft ungehindert ausbreiten könnten.

Es bedarf also herrschaftsfreier Verkehrsformen unter den Menschen, um diesen Potenzen Geltung zu verschaffen.

Das gilt vor allem für die therapeutische Verwendung der aufs Individuelle reduzierten Bedeutung. Die Akzeptanz der individuellen Bedeutung kann dem Leidenden ermöglichen, mit und in einer Gesellschaft zu leben, indem er sich ändert, die Gesellschaft, innerhalb derer falschen Struktur sein Leid entstand, ändert sich aber nicht.

Da der Mensch ein soziales Wesen ist, sagt der Traum wenig über den Einzelnen, aber viel über die Gesellschaft –

wie aus Spiel Ernst wird:
– Ballspiel, bei dem die Übergabe des Balls noch etwas Soziales bedeutet, nämlich einmal, so wie ich das sehe, wird der »jüdischen Sau« der Ball abgenommen, dann drehen sie sich um und der, der den Ball hat, sagt, »wir wollen der jüdischen Sau die Hose ausziehn« –
– die Quellen dieses Traums sind simpel erklärt: ein eifersüchtiger Ehemann, mit dessen Frau ich geschlafen hatte, wollte mir »die Nutte« für 20 000 Euro verkaufen und beschimpfte mich, als ich ablehnte, mit: »du geizige Judensau«. Dass der Mann aufgrund seiner tragischen Sozialisation Rassist war, war bekannt, und er wusste, dass ich jüdische Wurzeln habe.

Aber dass Rassismus als Gesellschaftsspiel im geistigen Klima der Bundesrepublik Deutschland am Anfang des dritten Jahrtausends gesellschaftsfähig ist, war mir so deutlich nicht klar.

So eröffnet individuelle Interpretation alleine wenig neue Erkenntnisse; der Traum als Gesellschaftsbild verifiziert aber herrschende gesellschaftliche Zustände, Tendenzen, Ausdrucksformen –

oberflächlich gesehen ein Wunschtraum, wie er banaler nicht geht:
– ich bin im Knast, aber es ist ein völlig offener Vollzug, und alle anderen sind auch da, Gert in der Zelle nebendran, Dellwo gibt mir eine Knarre mit Magazin, die ich unter das Kissen lege, etwas später aber dann das Magazin rausnehme und die Patronen wegschmeiße, weil mir mulmig wird; wir gehen alle zusammen spazieren, auf einer Wiese, Stefan spielt mit Irmgard fangen und Ball, und ich denke: ›Mein Gott, wer hätte das gedacht‹, ich unterhalte mich mit einer Inga, von der ich erst gar nicht

weiß, wie sie heißt, wir sitzen im Hörsaal nebeneinander und wollen uns auch nochmal treffen, weiterreden, da warnt mich auf der Veranda Christian vor ihr, sie sei uncool, katholisch aufgewachsen und verbürgerlicht, und ich gehe erstmal auf meine Zelle, die sogar einen Balkon hat –
– aber für mich geradezu ein Albtraum, da er die völlig verinnerlichte Akzeptanz der Gefangenschaft ausdrückt: und so zum Gesellschaftsbild wird, zum Bild für die in den Mitgliedern der Gesellschaft völlig verinnerlichte Akzeptanz der Gefangenschaft in der gesellschaftlichen Unfreiheit: alle anderen sind ja auch gefangen, die Lebensbedingungen sind einigermaßen erträglich, für Freizeit und Unterhaltung ist gesorgt, Befreiung aus der Gefangenschaft wird erst gar nicht mehr erhofft.

So sind Träume auch in ihrer individuellen psychoanalytischen Deutung nur besonderer Ausdruck allgemeiner gesellschaftlicher Verhältnisse und Zustände, sie sind Bewusstseinsbarometer –

Bewusstseinsbarometer kollektiver Wunschträume:
– alle bleiben einfach stehen, wo sie sind, zum Beispiel an der Bahnhofsvorfahrt, und richten sich gemütlich ein, bleiben für immer da –
– allen voran des menschlichen Urwunschs nach Freiheit: Von dem beim Schulworkshop Literatur erzählten Traum des Mädchens, das aus Versehen bis zur Endstation der S-Bahn fuhr und dort wohnen blieb, habe ich weiter oben schon berichtet. Er ist bis zur Bahnhofsvorfahrt identisch mit meinem Traum und damit ein frappantes Beispiel dafür, dass alle Menschen zwar nicht dasselbe, aber das Gleiche träumen, in ihrer jeweils individuellen Form –

verfremdet, und dadurch vom Besonderen zum Allgemeinen gemacht:
– ich stehe mit anderen auf dem Dach einer schmalen langen Hütte, und auf dem Platz davor tanzen die Bescheidwissenden, die Verhexten, unter einem Bann Stehenden, irre Tänze, wir oben sind gefesselt, und ab und zu kommt einer der Gebannten hoch und krallt sich einen raus und zerrt ihn runter, bis plötzlich, ich erstarre vor Schreck: ich hochkraxele, ein verzerrt lachendes zweites Ich, eine Klonkopie kommt, die sich mich greift und runterzerrt, und ich rufe verzweifelt: »Warum soll er/ich besser sein als ich?« –
– die Gebannten sind die in ihren Ritualen gefangenen Opfer der Gesellschaft, also die Gesellschaft selbst, das zweite, das gesellschaftliche

Ich will mich in den Abgrund gesellschaftlichen Wahns reißen, der sich im Wachzustand ja viel unauffälliger äußert als im Traum.

Jeder Mensch muss sich innerhalb der Gesellschaft als etwas darstellen, das meist nicht mit seinem Selbstverständnis identisch ist, also ein der Gesellschaft zuliebe aufgesetztes zweites Ich annehmen. Um zu gelten, muss es die gleichen Voraussetzungen erfüllen wie das erste Ich, die beiden stehen also gleichberechtigt nebeneinander. Naheliegend, dass er auch davon träumt.

Was den Umgang mit Träumen betrifft, unterscheide ich mich nur insoweit von anderen Menschen, die träumen, als ich durch meine Gefangenschaft die Möglichkeit hatte, mich ganz und gar, mit Geist und allen Sinnen auf meine Träume einzulassen. Ich tat es wegen der mich stärkenden Wirkung dieser Beschäftigung mit den Träumen – welche sich, wie anzunehmen ist, auch bei jedem und jeder anderen einstellen würde – und machte es auch aus Vergnügen.

Bei der dazu notwendigen Traumerinnerung geht es zunächst um die Erinnerung von Ankerpunkten, die den Auslöser des Traums festzurren. Dann: wörtliche Zitate, Wortbildungen müssen so schnell es geht festgehalten werden, sie versuchen am frechsten, sich sofort aus dem Staub zu machen. Mit der Mobiltelefontechnik hat man die Möglichkeit, eine Aufnahme zu starten, und muss dabei nur darauf achten, deutlich genug zu sprechen, damit man es am nächsten Tag noch verstehen kann, dann wird man nur so wenig wach, dass man danach schnell weiterschlafen kann.

Träume wie der obige halten sich gerne bedeckt: gerade in ihrer Funktion, Gesellschaftsbilder zu sein, legen sie von der Gesellschaft kein gutes Zeugnis ab, und wollen deshalb offenbar lieber unbemerkt ihre Arbeit tun; vielleicht mögen sie es deshalb nicht, wenn man ihnen bei ihrer Arbeit zuschaut, und tun sie sie dann im Verborgenen.

Wenn es den Komparativ gäbe: Träume wie der hier zitierte sind noch ›unbewusster‹ als die realistischen Träume und erscheinen dadurch noch mehr als Gesellschaftsbilder, weil das Kollektive, der herrschende Zeitgeist sich im Unbewussten mehr ausbreiten kann als im Bewussten –

Träume sind Spiegel, keine Botschaften:
– da ruft mich der Steuerbuchhalter an und fragt, was denn da auf dem Rechner sei, und ich antworte: »ja, das ist der Anfang einer Geschichte von einem, der auf der Straße geht und so – habe vergessen, die auf einem Stick zu sichern«, füge aber hinzu: »die kann ich mir schon merken« und er könne sie ruhig löschen, aber wir sind uns einig, dass das eben die Bürokraten sind, und man diese ganzen Vorschriften einhalten muss –
– eine Botschaft verfolgt ein konkretes Ziel: nämlich, dem Empfänger einen bestimmten Inhalt zu vermitteln, den er sich gefälligst zu eigen zu machen hat. Früher glaubten die Menschen, in ihren Träumen den Willen der Götter zu erkennen. Heute glauben die wenigsten noch an Götter, aber die meisten glauben noch immer an einen Willen im Traum. Warum sollte ein Traum etwas wollen? Träume sind keine Menschen, haben keine Interessen und verfolgen keine Ziele – ihnen trotzdem eine Botschaft zu unterstellen, ist der verständliche Versuch, sie zu verstehen, was zwar ein typisch menschlicher Reflex ist, aber gerade bei ihnen nicht funktionieren kann, da Verstehen Bewusstsein voraussetzt, das entscheidend kennzeichnende Merkmal der Träume aber das Unbewusste ist.

Diesem Versuch ergeht es wie dem Hasen im Märchen vom Wettrennen des Hasen mit dem Igel. Am Ziel angekommen, muss er sich immer wieder und jedesmal aufs Neue anhören: »Ik bin all dor«. Mit dem Traumverständnis verhält es sich wie mit der Hoffnung: Hoffnung kann es erst geben, wann man alle Hoffnung fahren lässt. Träume sind wertfrei, sie haben keine Botschaft, sie stellen etwas dar. Eine Ente träumt vom Wurm, den sie frisst[23] und ein Wurm vom faulen Apfel, in den er sich lüstern hineinfrisst[24].

Man kann die Impulse der Träume zur Verwirklichung einer menschlichen wie einer unmenschlichen Utopie benutzen. Utopie ist ein allen gemeinsamer Ort. Über die Qualität dieses Ortes, sagt der Begriff selbst nichts. ›H‹,›l‹ und ›e‹ bilden nicht nur das Wort Himmel, sondern auch Hölle.

23 Eine gelungene Adaption dieser Thematik findet sich in Karl Valentins Hörspiel »Der Ententraum«.

24 Es ist wissenschaftlich nicht erwiesen, dass Tiere, gar Insekten, träumen, aber wenn, träumen sie so. Freud, Sigmund: »Die Traumdeutung«, S. 146, zitiert ein Sprichwort: »Wovon träumt die Gans? [...] Vom Kukuruz (Mais). [...] Die ganze Theorie, daß der Traum eine Wunscherfüllung sei, ist in diesen zwei Sätzen enthalten«.

Die Erfahrung, dass alle Menschen gleich wert sind und gleiche Rechte und Pflichten haben, kann genauso ein Ansporn und Bestätigung sein, dieses im Wachzustand zu verwirklichen, wie eine Warnung, alles dafür zu tun, dass dies nicht eintritt.

Träume sind insofern mit der Sprache vergleichbar: Man muss den Umgang mit ihnen lernen wie den mit jeder anderen Sprache auch. Die Traumsprache, die man von Menschen, die im Schlaf laut sprechen, hören kann, versteht man nach wach-logischen Maßstäben nicht, denn sie scheint unsinnig[25]. Man kann sie nicht intellektuell übersetzen, nur ihre Stimmung nachempfinden –

der Traum aber ist Schlüssel zur Utopie mittels seiner Erscheinungsform als Kunstwerk:
– bin mit Angela auf der documenta, wo wir einen Rundgang durch die Ausstellung machen, die untertunnelt ist, wir gehen durch breite, Bunker-artige Gänge, Weltkrieg-Zwei- oder Atombunker, von denen seitlich die Ausstellungsräume der beteiligten Künstler abgehen, hauptsächlich Installationen, meist mit und zum Thema Wasser, ein Künstler hat sich selbst böse eingeklemmt in einen flachen, spitz nach hinten zusammenlaufenden, grau gekachelten, wabernden Schacht, Keil-artig, wie im Knast, und stöhnt vor sich hin, weswegen wir uns über den Knast unterhalten, wo man immerhin zwei mal sechs Meter Platz hat; ich bin offiziell eingeladen, mehrere Tage mit Hotelzimmer und allem Drum und Dran – wieder an der Oberfläche finden wir eine weitere größere Versammlung von schweigenden Zuschauern vor, die unbeweglich auf Stühlen sitzen zwischen Gerüstgestängen, auf die ich klettere und Tarzan spiele, mich an Kabel hänge und von einem Gerüst auf der einen Seite in schwindelerregender Höhe zu einem auf der anderen Seite schwinge, wobei ich keine Tarzanschreie ausstoße, sondern knatternd mit meiner, obwohl ich kein Mikrofon habe, alles übertönenden Stimme befehlsartige Ansagen herausposaune, aber die Zuschauer reagieren überhaupt nicht, denken wohl, das gehöre zur Performance der documenta, weswegen ich ein wenig beleidigt bin –

25 Siehe »es. Traumtrilogie«: ein Drittel dieses Romans, seine mittlere Spalte, ist in dieser Traumsprache geschrieben.

– das Kunstwerk als Ware zerstört den emanzipatorischen Charakter des Kunstwerks genauso wie die Funktionalisierung der Träume als Therapiematerial. Kunst ist vom Traum erzeugte Nebenwelt.

Die Politik des Traums zielt darauf ab, aus dieser Nebenwelt die Hauptwelt zu machen. Insofern er zur Nachahmung animiert, und zwar unbewusst. Im Traum einen genialen Film sehen und neidisch auf dessen Autor und Regisseur sein; das treibt an. Selbst, wenn man sich nicht daran erinnern kann.

Dass Menschen über Träume nachdenken können, unterscheidet sie von Tieren. Dass die Menschen bis heute noch nicht so recht wissen, was sie mit ihren Träumen anfangen sollen, ist Ausdruck davon, wie weit sie noch in der Tierwelt gefangen sind. Sie rennen wie Tiere immer noch vor Angreifern oder zu wenig Nahrung weg, anstatt Macht abzuschaffen und die Güter der Erde gleichmäßig zu verteilen, wie ihre Träume es ihnen als Möglichkeit vorstellen.

Der Anfang der Menschheit findet sich nicht in der Herstellung von Werkzeugen, diese fertigen auch Tiere, sondern in der Erfindung der Kunst, also Anwendung der Impulse des Traums im Wachen.

Geht man davon aus, dass die Menschen noch in der Vorgeschichte leben, könnte der richtige Umgang mit ihren Träumen den Beginn ihrer Geschichte markieren –

im Traum gibt es keinen Besitz:

– einer will mein Geld haben, wobei er keine Gewalt anwendet, sondern einfach so bestimmt mein Geld fordert, dass ich nichts dagegen machen kann und es ihm gebe, weil er nun mal nichts hat; später will er dann auch noch meine überzähligen Kleider, die ich ihm auch gebe – dann gibt er aber mein Unterhemd zurück, weil ich sonst friere –

– im Traum spielt der Besitz nicht mehr die dominierende Rolle, die den Umgang mit ihm in der gegenwärtigen Gesellschaft zur Hölle macht: das ist der markanteste Aspekt der Utopie des Traums und ihrer klarsten Erscheinungsform, der Freiheit.

Obwohl mir etwas gewaltsam entrissen wird, macht es mir nichts aus. Die Utopie unterscheidet sich äußerlich kaum von den bestehenden Verhältnissen: die Menschen gehen nur anders mit diesen um, haben eine andere Haltung zu ihnen; die stellt ihnen der Traum vor. Diese andere

Haltung ist hinter einem blinden Fleck verborgen, deshalb sind die meisten Menschen in der Gegenwart nicht in der Lage, sie anzunehmen. Der Traum bietet die Möglichkeit, das zu entdecken, was hinter dem blinden Fleck verborgen ist.

Hätte dieser Traum eine Botschaft, hieße sie mit erhobenem Zeigefinger, dass man tunlichst sozial zu sein habe, und wenn nicht, ein schlechtes Gewissen zu haben habe. Wie käme der Traum dazu, mir das vorschreiben zu wollen? Er zeigt mir allein das Bild eines richtigen Lebens. Der Traum stellt Werte, Wertmaßstäbe vor. Was ich damit anfange oder ob ich überhaupt etwas damit anfange, ist meine Sache.

Wenn das Ende der Herrschaft von Menschen über Menschen der Anfang der Menschheit ist, ist der Traum der Vorschein davon. An dieser Stelle belegt ausnahmsweise der Traum eines anderen Menschen das sehr gut in Fortführung der Gedanken, die im Kapitel *Im Traum wird man immer gerettet* ausgeführt sind:

Ich hatte als Kind zum Beispiel oft den gleichen Albtraum, ich bin in einem Zimmer mit einem großen Perserteppich. Leute mit Säbeln kommen ins Zimmer, die mich verfolgen, ich sitze auf dem Teppich und fliege nach oben, bin also oben beim Plafond in Sicherheit.

»In Sicherheit«: sie ist gerettet, sie kann sogar fliegen wie der kleine Muck auf seinem Teppich – dieser Traum ist nicht nur Ausdruck der oben beschriebenen radikalsten Utopie, sondern auch noch künstlerisch besonders wertvoll. Dass er als ›Albtraum‹ gesehen wird, erhöht noch die Bedeutung der Rettung, die aus der Gefahr möglich wurde.

Ich könnte jetzt, reduziert auf die nur aufs Individuum bezogene Analyse des Traumes, behaupten, dass dieser Traum die soziale Haltung eines Menschen spiegelt. In meinen Augen stellt der oben zitierte Traum jedoch dar, dass alle Menschen diese soziale Haltung haben. Er stellt sie als Individuen dar, die nur zusammenleben können, wenn die Bedürfnisse eines jeden befriedigt werden. Träume sind eine Erinnerung an mögliche Menschlichkeit, Vorschein von Menschlichkeit auf dem Weg der Menschwerdung des Affen.

»Keine Gewalt« wendet der andere an, weder er noch ich ist gut oder schlecht, es wird objektiven Gegebenheiten – »weil er nun mal nichts hat«, die Kleider »überzählig« sind – ihr Recht gegeben. Das steht da so, beziehungsweise, das erinnere ich mich, so erlebt zu haben, und es gibt keinen

Hinweis, dass diese im Traum als real erlebte Erfahrung mir etwas über mich sagen will oder gar soll. Gerade, weil sie mit meinen moralisch-politischen Vorstellungen übereinstimmt, sagt der Traum mir nichts Neues.

Was er sozioanalytisch ausdrückt, ist, dass die Haltung des Gebens und Nehmens eine jeden Menschen betreffende elementare Frage nicht nur des Überlebens ist, sondern auch des unbelasteten Zusammenlebens. Jeder kennt problemlose Beziehungen in dieser Hinsicht unter guten Freunden oder in der Familie. Des Weiteren kann man davon ausgehen, dass es auf der Welt keinen einzigen Menschen gibt, der nicht wünschte, dass er sich nicht dauernd mit diesem ganzen von dem Zusammenleben mit den anderen Menschen erzeugten Unbehagen herumschlagen müsste. Selbst jeder glattrasierte Neonazi oder vollbärtige Schariafanatiker kann sich die Erfüllung dieses Wunsches vorstellen, aber eben nur in der ihm jeweils möglichen Weise.

Dass Träume Wunschträume sind, ist unbestritten; auch Albträume sind nur, im Sinne des Kunstwerks gesprochen, dramaturgisch höher entwickelte Formen des Wunsches, aus der Gefahr gerettet zu werden. Insofern träumt jeder Mann und jede Frau, was er oder sie wünschen, nämlich von unbelastetem, ausgeglichenem Umgang, Verkehr, Kommunikation mit anderen. Ein Traum ist aber nicht nur Wunscherfüllung – zum Beispiel der Freiheit –, mehr noch ist er Ausdruck davon, dass diese Erfüllung möglich ist.

Der Traum stellt das Modell einer Gesellschaft des Vertrauens vor, in der es keine Existenzangst und so keine Notwendigkeit von Besitz, Macht und Gewalt gibt. Es bedarf keiner Justiz, denn wenn es keinen Besitz gibt, kann es auch keinen Diebstahl geben.

Soweit der Mensch ein Gattungswesen innerhalb der gesamten Tierwelt ist, kann man davon ausgehen, dass die Kriterien, die er für diesen Umgang anlegt, die seiner guten Erfahrungen im kleinen Kreis sind. Diese partikulären Erfahrungen, im Unbewussten des Traums unbeeinflusst von bewussten Interessen, werden folgerichtig auf die ganze Gattung angewandt.

Dafür, dass die meisten Menschen sie im Wachen nur auf sich selbst oder eine kleine Auswahl von Menschen beziehen, gibt es viele Erklärungen, die alle in den herrschenden Formen des gesellschaftlichen Zusammenlebens liegen, die der Traum spiegelt –

Träumen ist Herumirren in einem Spiegelkabinett:
– ich bin mit dem Fahrrad in einem bergigen Waldgebiet unterwegs von einer Stadt zu einer anderen, die jeweils am entgegengesetzten Ende des Berggebietes liegen, da komme ich in eine Gegend, in der Bären sind, vor allem weiße, die man auf den Wegen vor und unter uns – es sind auch noch viele andere Leute, vor allem Touristen unterwegs – sieht, wie sie gemächlich zwischen den Bäumen traben; angeblich sind sie harmlos, weil sozial und psychisch geschädigte Bären, die therapiert werden sollen und zu einem anderen Therapieplatz unterwegs sind, aber ich traue dem Frieden nicht und nehme lieber einen anderen Weg –
– im Traum wie in der Kunst nehmen Abstraktionen konkrete Gestalt an; »aber ich traue dem Frieden nicht« – also der Sache mit der Therapie der Bären – »und nehme lieber einen anderen Weg«: wenn der Traum ›uns‹ etwas sagte, könnte es nur etwas sein, was uns alle beträfe und alle anginge, denn mit ›uns‹ können nur alle Menschen gemeint sein.

Die Menschen sind aber verschieden, insofern ›sagt‹ der Traum jedem Menschen etwas anderes, nur ihn Betreffendes, rein Individuelles. Das mag zwar, selbst wenn dabei Sache und Bedeutung identisch sind, durchaus seinen Sinn haben, insoweit etwas vom Unbewussten ins Bewusste geholt wurde – es bleibt aber gesellschaftlich folgenlos. Es mag dem Individuum durchaus ermöglichen, einigermaßen schmerzfrei in einer Schmerzen zufügenden Gesellschaft zu leben, lässt dieser aber die Freiheit, ihr Treiben ungerührt fortzusetzen.

Insofern ist der psychoanalytische Umgang mit dem Traum durchaus hilfreich, aber nicht hinreichend.

Denn der Traum als Spiegel der gesellschaftlichen Verhältnisse bietet die Chance, sie zu erkennen. Es ist durchaus möglich, dass die Profiteure dieser gesellschaftlichen Verhältnisse aus ihren Träumen Kraft und Anregung finden, nichts daran zu ändern. Genauso könnten freilich die Verlierer dieser gesellschaftlichen Verhältnisse daraus Kraft und Anregung finden, die falschen Verhältnisse in richtige umzuwandeln.

Insoweit die Psychoanalyse zur Religion – um nicht zu sagen Sekte – mutiert, ihren Umgang mit Träumen als einzige Möglichkeit, den Traum zu betrachten, erklärt, gar als allein seligmachendes Dogma verkündet, arbeitet sie unbewusst für den Erhalt der herrschenden Verhältnisse, obwohl ihr ursprünglicher, durch seine Dogmatisierung verschütteter Denkansatz die Tür zum Weg aus ihnen heraus öffnen könnte. Durch den Scheuklappenblick aufs Individuum verheddert sich der psychoanalytische Zugang zum Traum in seinen eigenen richtigen Primärerkenntnissen und geht als Folge davon vor dem »falschen Leben«[26] in die Knie.

Träume können nichts ›sagen‹, weil sie keine Menschen sind und nicht sprechen können, sie haben ihre eigene Ausdrucksform, nämlich den Traum, aber wer ihm auf die Schliche zu kommen versucht, muss damit rechnen, dass der Traum sich vor ihm versteckt –

Träume lassen sich nicht gern in ihre Karten schauen:
– ich liege mit Nata im Bett und träume ausgerechnet von Julia, als ich im Halbschlaf unter der Tür Licht sehe, und siehe da: die Tür geht auf und Julia kommt herein und fragt, ob sie hier schlafen kann, legt sich auch sofort zu uns ins Bett, Nata ist inzwischen auch wach und trinkt mit Julia Wein, während ich eine Schale, eine Art rundes Tablett mit hohem Rand habe, auf dem eine Flüssigkeit schwimmt, die ich einerseits mit einem Strohhalm trinke, in die ich andererseits mit einer Wasserpistole hineinspritze; der Raum geht tief ins Blauschwarze, durch die Fenster sieht man die Nacht; Nata, die schon wieder leicht besoffen ist, sagt, Julia könne gerne bis übermorgen bleiben (wobei ich einen Schrecken bekomme, denn Julia wollte bestimmt länger bleiben, sie sagt aber nichts), solle »aber bitte nicht damenhaft rumtun« – ich bekomme schon wieder einen Schreck, aber Julia ist nicht beleidigt, und ich will den Traum aufschreiben, finde aber in der Schublade nur neue A5-Umschläge, bis endlich ein Umschlag eines Briefes von Julia auftaucht, als Einziger, was doch wirklich ein Witz ist, darauf den Traum mit ihr zu schreiben, es ist drei Uhr, wird Zeit, zu pennen –
– dass sich nur an ein Bruchteil der Träume erinnert wird, gehört zu ihrer Natur. Viele Menschen erinnern sich überhaupt nicht an ihre Träume. Diese tun ihr Werk im Verborgenen.

Umso mehr versuchen die Träumer seit jeher, den Träumen auf die Schliche zu kommen. Irgendeinen Sinn müsse es doch in diesem ganzen Wirrwarr geben, wurde und wird gemutmaßt. Irgendetwas werde dem

26 Adorno, Theodor W.: »Minima Moralia«. In: Tiedemann, Rolf (Hrsg.): »Gesammelte Werke« Bd. 4. Frankfurt a. M.: Suhrkamp, 1980, S. 43.

Träumer gesagt, wurde und wird unterstellt, man müsse es nur herausfinden. Wenn nicht gleich sogar die Zukunft vorausgesagt gesehen wurde, dann doch mindestens Hilfreiches über Irrungen und Wirrungen des Träumers. Jede Kultur schuf sich eigene Regelwerke, wie Träume interpretiert zu werden hatten, bei der einen Kultur kündigt Lachen frohe Botschaften an, bei der anderen sagt dasselbe Lachen Leid voraus.

Der psychoanalytische Zugang zum Traum erschuf mit seinem Deutungsbaukasten jedoch ein ganzes Heilsystem. Er benutzt Träume als Material, als Steinbruch. Bausteine, aus denen man diese oder jene Häuser bauen kann, je nachdem, aus welchem Blickwinkel man die Träume sieht.

Freud erforschte ihre Funktionsweise, entdeckte die »Werkmeister« und lieferte damit die bis dato kompakteste Definition von Kunst: »verdichten und verschieben«. Mehr noch: Freuds Verdienst ist es darüber hinaus, Tagesreste und andere Quellen als künstlerisches Material definiert zu haben, und erklärte damit nicht nur, wie Kunst entsteht, also was für Kriterien für Kunst gelten, sondern auch, aus welchen Elementen sie sich zusammensetzt.

Der psychoanalytische Zugang zum Traum allerdings versucht, den Traum zu katalogisieren, das geht aber nicht. Wie gesagt: Man kann nicht eine Wolke zu kompakten Kügelchen einschmelzen. Träume auf eine Bedeutung einzuengen, heißt, sie zu verstümmeln.

Träume drücken selbstverständlich etwas aus, wie jedes andere Kunstwerk auch. Sie vermitteln etwas über den Künstler, mehr aber noch über die Zeit, in der er lebt, seine Verhältnisse, deren Zeitgeist, eben wie jedes andere Kunstwerk auch. Als in der Zeit nach dem Ende der Sowjetunion die Rede vom »Ende der Utopien« die Runde machte, träumte ich von Ernst Blochs Buch *Prinzip Hoffnung*, das einen Bach hinunterschwamm. Ein etwas holzschnittartiges Bild, aber allein deshalb eines, das den gerade herrschenden Zeitgeist ausdrückte, weil ich persönlich diese Ansicht nicht teilte, in der Sowjetunion niemals ein utopisches Modell hatte erkennen können.

Die Bedeutung, selbst wenn sie richtig sein mag, steckt eine lebendige, blühende Pflanze in eine Schublade. Sie tötet sich selbst. Träume sind Geheimagenten, tragen riesige schwarze Schlapphüte und sind zudem noch vermummt, am liebsten wären sie unsichtbar, damit sie niemals erkannt werden; ihre Kraft und Herrlichkeit haben sie in Millionen von Jahren, ungestört von lästigem Bewusstsein in den Gehirnen der entstehenden Tierwelt bis zur inzwischen zumindest erahnten grenzenlosen Pracht entfaltet – dann kam der Mensch, begann zu denken, beziehungsweise die Erinnerung an seine Träume zu reflektieren, und versucht seitdem, ihnen auf die Schliche zu kommen. Dass man zum Beispiel im Traum Träume aufschreibt, um nicht aufzuwachen, damit man sie tatsächlich aufschreiben kann, könnte ein Anzeichen dafür sein, dass der Traum einen Schritt weiter ist als das Bewusstsein.

Auch wenn es dafür keinen wissenschaftlichen Beweis gibt, gehe ich davon aus, dass Tiere träumen. Mehr noch, bei Tieren erfüllen Träume noch ihre naturgegeben Funktion: Sie heilen von psychischen Wunden. Den Stress, den eine Ameise durch wetterbedingte oder von anderen Tieren ausgelöste Störungen hatte, verarbeitet sie im Traum und geht am nächsten Tag vom Stress befreit an die Arbeit. Der Traum ist ein Selbstregulativ. Bei den Tieren funktioniert dieses Selbstregulativ noch – im Gegensatz zum Menschen: Einige Affen nämlich entwickelten Bewusstsein, erinnerten sich an ihre Träume und begannen, darüber zu reflektieren. Das brachte das natürliche Gleichgewicht der Träume durcheinander – Gegengewichte entstanden.

Das erste ist der Fluchtcharakter des Traums: seine Fähigkeit, sogar die Energie der Anstrengung, sich an ihn zu erinnern, in Energie umzuwandeln, um *nicht* erinnert zu werden. Je mehr man die Erinnerung erzwingen will, desto mehr verweigert sie sich. Als ob der Druck, sich an ihn erinnern zu wollen, ihn vertriebe, die Erhöhung der Schnelligkeit, ihn zu fangen, seine Schnelligkeit zu fliehen erhöhte; je mehr man sich anstrengt, sich an ihn zu erinnern, desto mehr zerfällt die Erinnerung daran.

Die zweite ist, den Geheimagenten der Gegenmacht (also des Bewusstseins), in diesem Fall mich, der ihm gefährlich nah auf die Pelle rückt, schlichtweg auszutricksen –

– Renates Mutter ist da, während ich da bin, und ich gehe extra in die Küche, damit sie mich sieht, sie reagiert aber überhaupt nicht und redet weiter mit ihr, als wäre nichts, geht dann rückwärts weg, ist aber noch kurz als Schatten im anderen Zimmer zu sehen, und während ich aufwache und diesen Traum aufschreiben will –

– oder –

– ich hangle mich an dem Bretterverschlag hoch und sehe rein: ein unendlich tiefes Loch, aber auch der Bretterverschlag ist ausweglos und dunkel und vernichtend, und ich wache im Hotel über der Kneipe auf, die so seltsam war, und will diesen Traum aufschreiben, aber gerade an der Stelle, als die Frau sich im Bad nackt auszieht, höre ich Musik aus dem Nebenzimmer –

– da hat er mich doch tatsächlich buchstäblich eingeschläfert und mit einer nackten Frau gelockt, damit ich nicht aufwache, und ihn aufschreiben kann, sondern einfach weiterträume, als würde ich beim Schreiben unterbrochen, der Schlawiner! Oder –

– bis ich bemerke, dass Willy Brandt, sehr jung, mobil mit jemandem telefoniert, ebenfalls auf dem Bürgersteig stehend, er lobt das Verhalten eines anderen als wichtig gegen die Nazis und mir wird unheimlich, als sei das gerade aktuell, er besteht darauf, dass wenn alle sich so verhielten, man die Nazis vertreiben könne, und da will sich der Schwarze, der weiß geworden ist, einmischen, fängt von neunzehnhundertdreiunddreißig an, was Willy Brandt sofort zurückweist, das sei jetzt zu spät, schließlich sei es schon über zwei Jahre her; mich graust, ich schaue ihn genau an, er weicht zurück, merkt, dass ich alles durchschaue, und löst sich auf, atomisiert sich, zerspringt in tausende von bunten Funken wie ein Feuerwerk – ich schreie auf und wache schweißgebadet auf, will den Traum aufschreiben, finde aber nur sorgfältig sortierte handgeschriebene Notizen von Renate, die ich nicht versauen will, versuche, mir vor allem die Namen Brandt und Seblinski zu merken –

– hier setzt er sogar noch eins drauf und will mir suggerieren, ich hätte ihn schon aufgeschrieben, oder –

– ein langes, warm reizendes Getändel mit einer mir völlig fremden Frau innerhalb einer größeren Gruppe, die etwas feiert, mit dem ich eigentlich gar nichts zu tun habe, wir stehen erst etwas abseits und flüstern uns indirekte, aber eindeutige Worte zu, es ist völlig klar, dass wir beide wollen, ich stehe auf die Frau, weil sie so selbstbewusst und selbstverständlich ist, nicht irgendwie rummacht, und dann gehen wir seitlich umschlungen mit der Gruppe durch einen baum- und buschüberwachsenen Gang und fangen dabei schon an zu schmusen, was von den anderen äußerst wohlwollend betrachtet wird, allgemein befürwortet, man freut sich für die

Frau, die zu dieser Gruppe gehört, und gönnt ihr das, aber am Ende des Ganges, wo eine Halle beginnt, müssen wir leider abbrechen und verabreden uns auf später, aber eindeutig, hundertprozentig, und wie ich in der Wittener Straße, in der nur noch eine Doppelmatratze mit weißer Bettwäsche auf dem Boden liegt, aufwache, will ich den Traum aufschreiben, kriege ihn aber nicht mehr richtig zusammen und stelle fest, dass neben mir einer liegt, den ich gar nicht kenne, wobei ich noch geil von der Annäherung an die Frau bin und gerne vögeln würde, das aber jetzt ersatzweise mit einem Mann irgendwie auch nicht sein muss, obwohl ich es mir ernsthaft überlege, und sei es nur, um meine Geilheit loszuwerden, aber erst muss ich noch den Traum zu Ende schreiben und der Typ schiebt das Bett etwas abwärts, so dass die beiden Teile auseinandergehen und ich mit ihm auf dem oberen mit meinem Zettel liege und zu schreiben versuche, es aber noch enger wird und unangenehmer, bedrängender, aber dann klingelt das Telefon, der Hausmeister Fischer ruft an und torkelt vollkommen besoffen auf mich zu, hinter ihm eine Gruppe von weiteren Besoffenen –

– und hier setzt er wiederum noch eins drauf, indem er mit der Suggestion, ich schriebe den Traum auf, nicht nur eben das verhindert, sondern auch dafür sorgt, dass der Traum weitergeht[27], oder tatsächlich noch eine Stufe verwickelter –

– Leute um mich herum, die eigentlich nicht wirklich da sind, was heißt, dass ich träume, ich merke aber, dass Julia und Fips diese Leute auch sehen, und verständige mich mit den beiden und es ist tatsächlich so, dass wir alle drei gemeinsam das Gleiche träumen und wir können es gar nicht glauben, reden aber darüber und bestätigen es uns gegenseitig und dann kommt ein kleines Kind, wir fahren im Bus zusammen und immer noch träumen wir das alles, immer weiter träumen wir und immer sehen wir, dass wir das Gleiche träumen, bis wir aufwachen und das jeder selbst analysiert und wir darüber reden, wie toll das ist und was wir da alles erlebt haben, und dann merken wir: der Traum geht weiter, immer noch der gemeinsame Traum, während wir über die Isarbrücke gehen, und da will ich, um ganz sicherzugehen, kurz fliegen, zeigen, dass ich fliegen kann, um dann wirklich

27 Auch in diesem Fall siehe Band 1 bis 3 von Wackernagel: »Traumprotokolle 1978–2020«.

hundertprozentig zu wissen, dass es wirklich ein Traum ist, und ich schaffe es wieder ganz spielend, sofort zu fliegen, senke mich aber, nachdem ich kurz in einem bis zwei Metern Höhe geschwebt habe, sofort wieder runter – aber alle Leute drumrum flippen völlig aus, weil ich fliegen kann, nur Fips und Julia wissen, dass es ja ein Traum ist, und so fliege ich wieder hoch und wieder runter und wieder hoch und wieder runter – und plötzlich falle ich den Rest runter und bin wach und die Leute, die zum Traum gehören, sind weg und ich bin tatsächlich wach und gehe über die Brücke wieder weg –

– ich hatte also den Trick des Traums im Traum durchschaut und wachte auf, als ich merkte, dass ich träumte, hatte also den Trick zum ersten Mal überwunden, und danach versuchte er diesen raffinierten, aber nicht ausreichenden Trick bis heute nur noch ein einziges Mal –

– bin für einen Dreh in einem Hotel untergebracht, in dem ich im vierundzwanzigsten Stock wohnen möchte, weil da damals die Stammheimer Gefangenen lebten, und fahre wieder runter, rasend schnell, Andreas (Baader) ist dabei, wir klauen uns ein Auto, mit dem wir durch die Nacht rasen, mir wird leicht unwohl, weil Baader wirklich wie eine gesengte Sau durch dieses Geflecht von vielstöckigen Straßen, Kreuzungen, Überschneidungen, Abbiegespuren rast, aber dann bin ich in einem kleinen geheimen Hotel, hab keine Ahnung, wie das alles weitergehen soll, wache auf und will den Traum aufschreiben, da fällt mir ein, dass ich ja im Hotel bin und kein Diktiergerät dabei habe –

– und erst dann wachte ich wirklich auf.

Und so ›sagen‹ auch die eben beschriebenen Träume nur wenig und haben schon gar keine Botschaft, bewirken aber etwas: nicht aufgeschrieben, nicht festgehalten, nicht zur Rechenschaft gezogen zu werden, nicht als Material für irgendwelche Zeitgeist-bedingten Interpretationen und Schlussfolgerungen funktionalisiert – um nicht zu sagen: missbraucht – zu werden, nicht von logischem Denken, Zuordnung und Katalogisierung eingestampft beziehungsweise durch hochnäsigen Blick von oben kleingedacht zu werden.

Die Kreativität der Werkmeister des Traums ist unerschöpflich: Im Traum schriftlich einen Traum ergänzen, den es vielleicht nie gab – aber auch die Notizen, die ursprünglichen, sind weg – und in dieser allergrößten Not verdrängen genau erinnerte Stellen eines Traumes auch noch die schwach erinnerten.

Dieses Versteckspiel hat unendlich viele Varianten: Frühere Träume scheinen schöner, interessanter, verrückter, also der aktuell zu erinnernde lohnt sich eh nicht, behalten zu werden. Selbst die verrücktesten, abwegigsten Träume scheinen im ersten Moment banal, eigentlich nicht wert, festgehalten zu werden. Da der Traum kein eigenständiges, vom Menschen unabhängiges Wesen ist, sondern ein zum Menschen gehörender, ihn konstituierender Zustand, kann er keine Absichten verfolgen, macht aber in dieser Reaktion auf die Bedrängung seiner natürlichen Funktion ein wesentliches Moment seiner Wesensart deutlich: Unbewusstes soll offenbar nur so weit bewusst werden, wie damit klar wird, dass es unbewusst zu bleiben hat.

Bewusstsein, jedenfalls in der Form, in der die Menschen sich bis heute dem Traum nähern, ist nicht kompatibel mit Traum. Daraus kann man schließen, dass entweder das Bewusstsein noch nicht weit genug entwickelt ist, den Traum zu begreifen, mit ihm umzugehen, ihn gar als das gesellschaftliche Verhalten fördernde, die Gesellschaft bildende Kraft zu begreifen, oder dass die Haltung, mit der das Bewusstsein sich dem Traum nähert, ungeeignet ist, ihn zu verstehen.

Die Vermutung liegt nahe, dass der Affe zum Menschen wurde, als er die Fähigkeit entwickelte, seine Träume zu reflektieren. Wenn der Unterschied zwischen Mensch und Tier darin besteht, dass Menschen sich von den von der Natur vorgegebenen und zur Entwicklung und dem weiteren Überleben notwendigen Macht- und Hierarchiestrukturen befreien können und ab dann erst als Menschen bezeichnet werden können, wenn sich menschliches Zusammenleben von tierischem dadurch unterscheidet, dass es herrschaftsfrei ist, was die Grunddefinition von Freiheit ist, dann waren es wahrscheinlich Träume, die den Menschen darauf gebracht haben. In ihnen erfuhr er die Qual und Entwürdigung von Hierarchien und Machtstrukturen zugleich mit der Ahnung des Wohlgefühls der Abwesenheit dieser Strukturen.

Wie bereits thematisiert, gehe ich davon aus, dass Tiere träumen. Im Unterschied zum Menschen können sie die Träume freilich nicht reflektieren. Sie haben nicht die Chance, mithilfe ihrer Träume aus dem von der Natur vorgegebenen Sozialverhalten auszubrechen. Deshalb bleiben sie Tiere innerhalb ihres genetisch programmierten Hierarchie-, Macht- und Sozialverhaltens.

Der erste Ansatz menschlicher Traumreflektion war die Suche nach ihrer Bedeutung oder einer Botschaft in ihnen. Freud hat diese Haltung der Menschen zu Träumen vom Orakel zur Medizin weiterentwickelt. Neben ihm haben Heerscharen von Wissenschaftlern die physischen und psychischen Erscheinungsformen des Traumes untersucht, den paradoxen REM-Schlaf, »ponto-bulbäre Schrittmacher«[28] und vieles Weitere für Normalbürger Unverständliches entdeckt – und müssen heute doch feststellen: »Die alleinigen Parameter (Dauer und Menge des paradoxen Schlafs), über die der Neurophysiologe verfügt, sind Größen, die ebenso fremdartig sind wie die irrationalen Zahlen.«[29]

Michel Jouvet, der international als Kapazität auf dem Gebiet der Erforschung von Schlaf und Traum gilt, beendet die Schlussbetrachtungen seines Buches mit den Sätzen: »So müssen wir gestehen, daß unser Unwissen beträchtliche Ausmaße annimmt, wenn wir es in unserer Forschung mit dem Schlaf und dem Traum zu tun bekommen. [...] Warum aber hat die Evolution für uns ein Gehirn ersonnen, das im Schlaf periodisch einer Maschine unterworfen wird, die aberwitzige Bilder ›vor unseren Augen‹ flimmern lässt, unsere Muskeln lahmlegt, die meisten homöostatischen Mechanismen durcheinanderbringt und uns zudem eine Erektion beschert? Wir kennen sehr viele ›wie‹, und keines davon gewährt uns einen gesicherten Einblick in das ›warum‹, da wir nicht imstande sind, die im Verhalten, im Gehirn oder im Gesamtorganismus unzweifelhaft sich äußernden Veränderungen [...] zu entziffern. Gehören wir [...] einer Generation von Blinden an? Und wird die nächste Generation, von ihrer eigenen Blindheit geblendet, sich über unsere Blindheit wundern?«[30]

›Wir‹ wissen also, dass ›wir‹[31] nach tausenden von Jahren Nachdenkens und Forschens über den Traum fast nichts von und über ihn wissen.

Vielleicht ist der Begriff des ›blinden Flecks‹ zutreffender, der seine Ursache in der Haltung hat, in der die Menschen ihn bisher betrachtet

28 Jouvet, Michel: »Die Nachtseite des Bewußtseins«. Reinbek: Rowohlt, 1994, S. 181.

29 Derselbe, S. 181.

30 Derselbe. S. 182.

31 Ich setze den Begriff ›wir‹ in Anführungen, da ich ihn in den meisten Fällen als übergriffig und usurpatorisch verstehe.

hatten, in der damit verbundenen Erwartung von Heilung, gar Erlösung von archaischen Zwängen, in der damit verbundenen Vorstellung des Charakters der Aufklärung, die der Traum leisten soll, und vor allem in der damit verbundenen Sehnsucht, urmenschliche Geheimnisse entschlüsselt und Antworten auf existentielle Fragen zu bekommen.

Wenn mit dieser Haltung seit Jahrtausenden keine weitergehenden Erkenntnisse erzielt werden konnten, liegt die Vermutung nahe, dass sie untauglich ist.

Eine andere Haltung wäre, den Traum in Ruhe zu lassen und stattdessen über die eigenen, durch ihn erzeugten Veränderungen, psychisch wie physisch, nachzudenken.

Eine weitere Haltung wäre, ihn als Kunstwerk zu sehen, nicht als Botschaft, sondern als Darstellung.

Eine dritte Haltung wäre, konsequent überhaupt nichts zu erwarten, nicht über die Träume zu reflektieren, sondern das von ihnen ausgelöste verfeinerte Gespür zu vertiefen – und sich überraschen zu lassen.

Wenn die Reflektion über den Traum der Beginn des Menschwerdungsprozesses, der Beginn der Vorgeschichte als Anfang der, wie oben beschrieben, Loslösung von tierischer Programmierung war, kann die über die reine, logische Reflektion hinausgehende Entschlüsselung des Traums der Beginn der menschlichen Geschichte sein.

So kann der Traum zum Schlüssel zur Utopie werden.

Träume führen nicht aus dieser Welt, sondern in die unausgeschöpften Dimensionen dieser Welt, sie sind die Vorwegnahme der Freiheit –

der Traum stellt das Reich der Freiheit vor:

– ich fliege im obersten Stock des Hotels zunächst runter auf ein einstöckiges Nebengebäude, weil ich mit Sabine verabredet bin, und von da in einem weiten Bogen auf die Straße; ein Mann nickt anerkennend, aber dann muss ich wieder ins Hotel, was schwierig ist, weil eine lange Menschenschlange in einem engen Weg wartet, also versuche ich, aus der Menge heraus aufzusteigen – und es klappt: »Man muss nur dran glauben« –, ich habe ein Messer als Motor und steuere mit den Beinen; kurz schwebe ich einen halben Meter über dem Boden, aber dann fliege ich doch hoch über eine weite Landschaft, die ich bis Duisburg sehen kann, sehr flach und harmonisch, ein beglückender Blick, dann folgt die Gegend von und um

Münster, das zurzeit von einer Autobahn untertunnelt wird; ich fliege so hoch, dass ich die Einfahrt des Tunnels vor dem Stadtrand von Münster erkennen und die Ausfahrt auf der anderen Seite sehen kann, an der noch gebaut wird, wie auch die Autobahn selbst noch nicht fertig ist, aber schon planiert, weswegen es weite Proteste gibt, dass die Landschaft zerschnitten werde, und die Zeitungsseite, auf der das Luftbild gedruckt ist, reiße ich raus und will sie aufheben –

– Fliegen ist der Inbegriff von Freiheit, einer der ältesten Träume der Menschen, der es immerhin schon so weit in die Wirklichkeit geschafft hat, dass Menschen mit Hilfsmitteln fliegen können, sogar zum Mond.

Und wie der Traum vom Fliegen sind umgangssprachlich alle mit dem Begriff Traum verbundenen Wortbildungen wie ›traumhaft‹, ein ›Traumurlaub/-haus/-schiff‹ positiv besetzt, insbesondere sind eine ›Traumfrau‹ beziehungsweise ein ›Traummann‹ nicht nur schöne, sondern wunderschöne und dazu auch noch herzensgute, soziale, kluge Menschen, mit denen man in jeder Hinsicht harmonisiert, eben utopische Idealgestalten.

Dabei hat jeder Mensch schon hässliche Artgenossen nicht nur im Traum gesehen und mit an Sicherheit grenzender Wahrscheinlichkeit schon furchtbare Albträume gehabt. Warum nennt man einen Menschen, der sich bessere Zustände wünscht, einen realitätsfernen Träumer? Weil die Idee der realitätsfernen Utopie vom Traum kommt.

Was ist ein Albtraum? Negative Utopie. »I have a dream«: Martin Luther Kings Paradies ist für den reaktionären Südstaaten-Weißen ein Albtraum; was für den einen das Paradies ist, kann für den anderen durchaus die Hölle sein, denn die Bewertung von schön und gut hängt von der Haltung jedes Einzelnen ab.

Insbesondere die Werbung arbeitet unermüdlich damit, und selbst die gegenteilige Erfahrung, die man in den meisten Fällen mit dem ›traumhaften‹ Produkt gemacht hat, das man sich nur gekauft hat, weil man auf sie reingefallen ist, vermag es nicht, dieses mit dem Begriff ›Traum‹ verbundene uneingeschränkt positive Bild zu zerstören. Das Quellwasser bleibt sauber, egal, wie viel Dreck die Menschen in den Fluss werfen, zu dem es sich entwickelt. Das lässt darauf schließen, dass der Traum ein nicht versiegender Jungbrunnen ist, dessen Potenzen noch nicht ansatzweise ausgeschöpft sind.

»Nichts bietet mehr Freiheit als die Kunst« – lautet der Werbespruch eines Herstellers von Künstlerbedarf. Traum ist Kunst, also bietet nichts mehr Freiheit als der Traum. Der Begriff vom Traum als Inbegriff des Schönen und Guten ist unverwüstlich.

Des Weiteren lässt sich daraus folgern, dass diese positiv auf den Menschen einwirkenden Potenzen stets unbemerkt ihr Werk verrichten – Traumreisen werden gebucht, obwohl jeder weiß, dass es keine Traumreisen gibt, allenfalls als Albträume –, und, um beim Bild der Quelle zu bleiben, mit Wasser verglichen, reinigen, und so wären Träume das Wasser der Seele, der Psyche, des Geistes. Ohne Träume würde man, wie ohne Wasser, schnell sterben.[32]

Man kann sogar die die Position vertreten, dass der Mensch überhaupt nur schläft, um träumen zu können. So wie der Schlaf den Körper stärkt – was ebenfalls durch reine Ruhe erfolgen könnte, aber auch durch Essen und körperliche Betätigung –, stärken Träume den Geist, damit er in einer ganz und gar nicht traumhaften Gesellschaft bestehen kann. Wenn diese Sicht stimmt, stirbt der Mensch von Schlafentzug nur deshalb, weil er dann nicht träumen kann, die körperliche Erholung könnte er sich auch anders holen. Danach sind Träume Treibstoff, Proteinriegel der Psyche, Energiespender, Powerdrinks für Optimismus und Zuversicht, Quelle der guten Laune. Ich habe mir einen Traum erfüllt – etwas, das ich mir vorher vorgestellt habe, wie der Traum etwas vorstellt, das man verwirklichen könnte.

Traum ist nicht allein ein Synonym für ›etwas Schönes‹, sondern auch ein Synonym für die Möglichkeit, dieses Schöne selbst zu erschaffen. So hängt es allein von der Haltung zu den Träumen, dem Zugang zu ihnen ab, ob die Menschen ihre noch ungenutzten Potenziale sich zu eigen machen und anwenden.

Wer Träume nicht als Schäume sieht, sondern als Bilder der Gesellschaft, wird erkennen, dass Reichtum, Erfolg und Macht in Träumen nichts gelten, Herrschaft von Menschen über Menschen sich im Traum nur als abschreckende Darstellung äußert, als Albtraum, der, als Gesellschaftsbild erkannt, den Wunsch nach deren Veränderung nährt –

32 In Esoterikgeschäften erhältliche sogenannte Traumfänger-Netze sind, auch wenn sie ausschließlich Albträume abhalten sollen, nur deshalb kein seelisches Gift, weil sie eh nicht wirken, selbst wenn man noch so sehr daran glaubt.

damit sind Träume Vorbild einer menschenwürdigen Gesellschaft –

– bin bei einer Organisation beziehungsweise deren Lager, das im Aufbau begriffen ist; ich sitze mit einem Verantwortlichen in der Kantine, und er erklärt mir alles, führt mich ein, wobei klar wird, dass es zwei Lagerteile gibt, deren Absperrungen man unterkriechen muss, und während wir das tun, wird mir klar, dass es sich um Psychogruppen handelt, die Leute im zweiten Teil alle unter einem Bann stehen, und das Ganze dazu dient, einen internationalen Putsch vorzubereiten, wobei unklar ist, welcher politischen Richtung; wir gehen an der Seite des zweiten Lagers entlang, da kommt ein Solarflugzeug geflogen, das eine riesige rechteckige Solarfläche quer über dem Cockpit hat, so dass ich mich frage, wie das überhaupt fliegen kann (und wie das bisschen Energie für ein ganzes Flugzeug reichen soll), was es aber gut kann, sehr langsam und wendig sogar, fast wie ein Hubschrauber, es überfliegt uns, macht einen Bogen und landet etwas weiter hinten tatsächlich am Schluss fast im Stand fliegend wie ein Hubschrauber, entlädt einen Lastwagen und hebt sofort wieder ab, um zurückzufliegen, und ich gehe in das zweite Lager, wo ich die schlosslosen Türen von kleinen Räumen aufstoße, hinter denen apathische, deprimierte Menschen sitzen, freiwillige Gefangene, Opfer der Sekte, gelähmt, zum Teil weinend, mir wird klar, dass es sich um ein gigantisches Psychoverbrechen handelt, und gehe weiter, komme in große, blaue, leere Hallen, frage mich, ob das vielleicht Filmstudios werden sollen, und da kommt mir eine Frau entgegen, die mich traurig anzwinkert und fragt, ob ich sie nicht wiedererkenne; sie schiebt einen riesigen Einkaufswagen mit Material und erklärt, dass sie doch diejenige sei, mit der ich am Tag der Aktion, die auf der ganzen Welt gleichzeitig stattfinden wird, in Rom unseren Job machen soll, sie mit dem Material abhauen soll, während ich in Rom weiter alles durcheinander bringen soll, und es wird immer beklemmender, wo ich da hineingeraten bin, etwas weiter treffe ich Alexander Held, auch deprimiert, auch einen Einkaufswagen schiebend, der mich beneidet, weil ich zur ersten Gruppe, die sich frei bewegen kann, gehöre, während er zur zweiten gehört, die freiwillig im zweiten Lager gefangen ist, ich umarme ihn und versuche, ihn zu trösten, beschließe, eine Revolution anzuzetteln, Fluchtmöglichkeiten der zweiten Gruppe zu organisieren, das alles kann man unmöglich widerstandslos hinnehmen, aber dann muss ich erstmal auf Toilette, in einem länglichen blauen Klo, an dessen Ende man hinten seitlich in ein Loch machen

kann, und mein Stuhlgang ist weiß, ich bin also auch schon verseucht, und es regnet weiße Kügelchen immer genau dann, wenn etwas aus dem Arsch kommt –

– und allein die Tatsache, dass der Begriff ›Traum‹ unverwüstlich wie ein Fels in der Brandung und nicht um ein Jota eingeschränkt für das von allen Menschen ersehnte Schöne und Gute steht, zeigt, dass der Traum menschenwürdiges Leben vorstellt, also sein Begriff allein bereits die Möglichkeit und Sehnsucht nach Befreiung aus der albtraumartigen Realität ausdrückt. Träume stellen immer beide Seiten der Medaille dar; selbst die unangenehmste Stimmung eines Albtraums trägt ein schönes Versprechen in sich. Dies ist allerdings als nackte, banale, nüchterne Tatsache zu sehen – mystische Überhöhung[33] wie auch wissenschaftliche Funktionalisierung verstümmeln die darin liegenden Möglichkeiten.

Insoweit die Träume das Bild der Freiheit vorwegnehmen, könnten Träume dabei helfen, die Gesellschaft von ihrer Naturverhaftung zu befreien –

wenn Träume Schlüssel zu Utopie sind, was heißt das für das Bild der Utopie?

– irgendetwas stimmt nicht mit dem Landeanflug der Maschine, in der ich gerade fliege, wir sinken und sinken und sinken, aber es passiert sonst nichts, auch keine Durchsagen, also irgendetwas läuft nicht, wie es soll, das ist klar, ich frage mich, ob es Grund zur Panik gibt, empfinde aber keine und sehe in diesem Moment, dass wir bereits dicht über der Landebahn sind und in eine riesige Höhle hineinrasen, die in Form des Flugzeugs mit Schaumgummi ausgelegt ist, so dass die Flügel in Schlitze im Berg in genau ihrer Höhe rutschen, der Rumpf in die mit Schaumgummi in Form des Fliegers ausgelegte Höhle, so dass die Maschine sanft vom Gummi aufgefangen wird und zum Stehen kommt, von allen Seiten laufen aufgeregte Leute herbei, woran deutlich wird, dass ganz offensichtlich etwas in höchstem Maße nicht stimmte, aber den Passagieren nichts gesagt wurde, und auch auf der anschließenden Feier sind alle etwas betreten, obwohl doch letztlich alles gut gegangen war –

33 Werner Zurfluh spricht in seinem Buch »Quellen der Nacht« gar von »Erlösung«.

– utopischer geht's nicht: in den letzten Sekunden vor der Katastrophe für eine große Anzahl von Menschen wird eine gigantische Erfindung gemacht und so schnell realisiert, dass die Katastrophe noch abgewendet werden kann. Sanfte Bremsung in einer weichen Höhle, wohliger geht's nicht, die Umkehrung der Angst in Lust; je größer die Gefahr, desto größer die Freude, sie überwunden zu haben.

Dennoch »sind alle etwas betreten«, man hatte die Passagiere nicht informiert, um sie nicht zu beunruhigen, Rücksicht genommen, bei der ein fahler Nachgeschmack bleibt, die aber berechtigt war: Wer hätte sich denn je vorstellen können, dass überhaupt jemand auf so eine aberwitzige Idee kommen könnte, geschweige denn in wenigen Sekunden nicht nur alles berechnen, sondern auch die flugzeugförmige Höhlenform in den Felsen hauen und mit Schaumgummi ausstatten könnte, und wer hätte geglaubt, dass das in dieser kurzen Zeit hätte verwirklicht werden können, allein das zu vermitteln, hätte länger gedauert.

Träume sind nicht nur der Schlüssel zur Utopie, sondern auch das Bild der Utopie. Utopia ist nicht das Land, in dem einem die gebratenen Tauben in den Mund fliegen, sondern es gibt auch in der Utopie Leid, Schmerz und Tod: aber es gibt keine Herrschaft von Menschen über Menschen. Erst dann können Leid, Schmerz und Tod mit menschlichen Mitteln ausgehalten werden.

Der Traum erinnert daran, dass Leid, Schmerz und Tod unvermeidlich sind – von Menschen erzeugtes Leid, Schmerz und Tod dagegen unerträglich, nicht zu rechtfertigen und der Grund dafür, warum die Menschen sich das Leben zur Hölle, anstatt zum Paradies machen.

Dass es einer Utopie bedarf, weil der wach als Realität erfahrene Zustand kein menschlicher ist, beweist der Traum.

Einmal spürte ich keine Erleichterung, als ich von einem Traum aufwachte, in dem ich gerade durch Aufhängen hingerichtet werden sollte. Offensichtlich war es mir recht gewesen, nicht weiter in dieser Realität leben zu müssen. Am Unterschied zwischen Traum und Realität kann man den Grund für die Unmenschlichkeit der Wirklichkeit sehen: Was der Traum nicht kennt, nämlich Herrschaft, Macht, Ausbeutung, ist der Grund der höllischen Realität.

Nationalismus, babylonische Sprachenvielfalt, Raffgier kennt kein Traum. Sich vollfressen bis zur Übelkeit, ja, Speicher anlegen, nein.

Vielleicht haben die Menschen aufgehört, ihre eigenen Kinder und andere Menschen zu essen, weil sie das im Traum nie gesehen haben. Das wäre der Unterschied zwischen Tier und Mensch, dessen Vision bis auf technologischem, in vielen Fällen problematischem, Fortschritt nur marginal verwirklicht ist. Zu untersuchen, was es im Traum alles nicht gibt, und das zum Kriterium für den Wachzustand zu machen, wäre bestimmt ein lohnender Versuch, diesem Ziel näher zu kommen.

So rührt die Idee der Utopie selbst vom Traum her.

Auch bei den größten Albträumen passiert letztlich nichts Schlimmes: damit sind auch sie Vorbild für Utopie. Wer will, kann in seinen Träumen seine höchstpersönliche Utopie entdecken. Sie ist immer nur die besondere Form der allgemeinen Utopie.

Damit sind Träume die wesentliche Voraussetzung dafür, die verschiedenen besonderen Formen der Utopie miteinander in Übereinstimmung zu bringen. Nicht jeder einzelne Besondere kann seine Utopie verwirklichen, sondern nur alle Menschen ihre allen gemeinsame Utopie. Wenn Träume tatsächlich ein Modell menschenwürdigen Zusammenlebens vorstellen, hat jeder Mensch Zugang zu dieser Vorstellung. Würde jeder Mensch diese Vorstellung in sich zulassen, sie wirken lassen, ihre Stimmung in sich aufgehen lassen, wäre die Abstimmung der individuellen zu einer kollektiven Utopie ein Selbstläufer. Niemand kann die Gesellschaft ändern, aber sie kann *sich* ändern.

Der Traum ist andererseits der Beweis, dass es noch kein Paradies auf Erden gibt: Er zeigt, dass es immer zu Verarbeitendes gibt, liefert aber zugleich das Mittel zum Verarbeiten mit. Paradies heißt, dass die Grundbedürfnisse – Wasser, Essen, Dach über dem Kopf – gesichert sind und jeder die gleichen (materiellen) Voraussetzungen hat.

Die Menschen verlegen das Paradies, ähnlich wie den Traum, in eine andere Welt, das Jenseits. Wahrscheinlich ist der Grund dafür der, dass sie sich eine Verwirklichung im Diesseits nicht vorstellen können. Wenn man allerdings davon ausgeht, dass es kein Jenseits gibt, oder man auch nur nicht darauf warten will, bis man diese Frage nach dem Tod beantwortet bekommt, könnte die Erfahrung einer realen anderen Welt im Traum ein Impuls sein, das Paradies eben doch schon im Diesseits zu verwirklichen.

Falls Tiere nicht träumen, wäre der Traum selbst das einzige, was den Mensch von ihnen unterscheidet. Wenn Tiere aber träumen, wurde aus demjenigen Affen ein Mensch, der begann, seine Träume wahrzunehmen und zu reflektieren, begann der Mensch erst, zum Menschen zu werden, als er seine Träume reflektierte. Er versuchte, die andere Welt, die er nachts erlebt hatte, mit Kunstwerken nachzugestalten, er erklärte die real erfahrene Existenz einer anderen Welt mit Religion, dem Paradies, dem ›Neuen Jerusalem‹, der Utopie.

Das Kunstwerk Traum erweist ihn als kostenlosen Ideenlieferanten: Vorahnung freier, wirklich zwangloser Produktion. Es fällt einem einfach zu, man verarbeitet es wie von alleine, und die Fülle ist unendlich: so könnte das Reich der Freiheit aussehen und sich verwirklichen.

Das ›kostenlose Kino‹ an den Träumen ist nicht nur Vorbild reiner, zweckfreier Kunst, sondern auch reiner, zweckfreier Gesellschaft. Die Haltung des Traums zu den anderen Menschen, den Dingen und der Welt ist bereits existent. Sie ist die utopische Haltung und im Gesamtkunstwerk Traum nachzuempfinden. Sie ist im Unterschied zwischen Traum und Wirklichkeit zu finden.

Was der Traum alles nicht ist beziehungsweise was es in ihm nicht gibt, Nationen, Wichtigkeit des Geldes, Sprachbarrieren, Zeitbeschränkungen, Ortsgebundenheit ist das, was die Träumer im wachen Leben auch alles nicht brauchen. Die Menschen brauchen nicht nur keine Herrschaft von Menschen über Menschen, keine Macht und Unterwerfung und wie die aus der Tierwelt hartnäckig nicht vergehen wollenden Reflexe alle heißen. Dinge wie Werbung, Kleiderordnungszwang und die Börsen erscheinen zwar im Traum, jedoch allenfalls als Teil eines kritischen Bildes der Wirklichkeit, die das Kunstwerk Traum darstellt, denn –

weil man in der Nacht im Traum die Erfahrung gemacht hatte –
– für dreihundert Mark bin ich Versuchskaninchen im Max-Planck-Institut und fahre, längs auf einer Minischwebebahn liegend, mit dreihundert Stundenkilometer durch eine lange kurvenreiche Strecke, die wie ein kleiner Kanal in den Boden gelassen ist, muss dabei ein schwarzes Plättchen hochhalten, das funkt (und diese Funken sind der Zweck des Experiments: intermediale Z-Bosonen) –

– dass man Dinge herstellen, materiell verwirklichen, in die Welt setzen kann, auf die man am Tag niemals gekommen wäre, sagt(e) man sich: »Das kann ich am Tag sehr wohl auch«, nahm eine Wurzel, schnitzte an ihr herum, bis sie nach etwas aussah, das einen irgendwie an irgendetwas erinnerte, und war so ergriffen davon, dass man sie anbetete: schon der Fetisch ist, wie bereits an anderem Beispiel ausgeführt, Folge des Traums.

Weil man im Traum die Erfahrung gemacht hat, sinnlich spürbar und als Realität wahrgenommen, dass Tiere sprechen können, spinnt man das am Tag weiter: so entstand die Fabel.

Weil man im Traum die Erfahrung machte, dass Menschen, die man kennt, ganz anders als am Tag aussehen, inklusive einem selbst, begann man, sein Äußeres zu verändern, Schminke und Maske waren geboren.

Weil man im Traum die Erfahrung gemacht hatte, dass auch alle Dinge ganz anders aussehen können, als man sie kennt, machte man auch das nach, und es entstanden Ausstattung, Requisiten und Kulissenbau: die Nachbildung einer ganzen, selbst geschaffenen Welt, das Kunstwerk.

Woher sollte der Mensch sonst wissen oder auch nur auf die Idee kommen, dass er etwas in die Welt setzen kann, das es vorher noch nicht gegeben hat – und das er nicht unbedingt zum Überleben braucht, wenn nicht, weil er es in seinem Traum als zum Anfassen, Schmecken und schmerzhaft oder schön spürend wahr, wirklich und möglich erfahren hat?

Die Traumerfahrung hat den Menschen auf die Idee gebracht, Kunst zu produzieren, etwas zu schaffen, das nicht im Überlebens- oder Produktionsprozess gebraucht wird, und das es in dieser Form noch nicht gegeben hat, das gestaltet, geformt, entwickelt, erfunden ist – wie man im Traum real erfahren hat, dass das möglich ist. Etwas zu schaffen, in dem mehr, etwas anderes, steckt als die Sache selbst, das eine andere Bedeutung hat als die offensichtliche, unmittelbar sich aufdrängende.

Realität erzeugt Traum – Traum erzeugt Kunst, die nichts anderes ist als selbst geschaffene Realität.

Der Künstler arbeitet schon immer wie der Träumer, und man kann seine Ergebnisse analysieren wie Träume.

Kunst als permanenter Versuch, den Traum in die Wirklichkeit zu transponieren.

Kunst als Wiederholungszwang[34] des Traums.

Kunst ist materialisierter Traum: individuelle Variationen kollektiver Angelegenheiten, besondere Fassungen allgemeiner Verhältnisse, Alternativen.

Auch in ihrer Motivation sind Kunstwerke Traumnachbildungen: seit Beginn der Weltliteratur sind alle Liebesgedichte, -romane etc. Wunschträume beziehungsweise -erfüllungen ihrer Autoren, genauso wie Horrorfilme Wunscherfüllungen von Albträumen sind. Die absolute unglückliche Liebe ist: die im Traum – mit dem Aufwachen ist jede Hoffnung verloren.

Was ist ein Roman über den unsterblichen Ahasver anderes als die Erfüllung des Wunsches nach ewigem Leben – woran eine Funktion von Literatur deutlich wird: der Autor erfüllt die Wünsche der Leser.

Beides zeigt die Zwiespältigkeit der Utopievorstellung: die absolute unglückliche Liebe ist genauso eine Horrorvorstellung, wie sie das ewige Leben sein kann.

Ernst Bloch hat in seinem »Prinzip Hoffnung« dreizehn Schichten der Kategorie der Möglichkeit[35] definiert. Der Hauptunterschied besteht zwischen Möglichkeiten, die realisierbar, und Möglichkeiten, die nicht realisierbar sind. Im Traum kann man zugleich vorwärts und rückwärts gehen. Dies gehört zu den nicht realisierbaren Dingen, ist klassisch utopisch.

Und auch wenn man vielleicht nie vorwärts und rückwärts zugleich wird gehen können, hat der Wunsch danach es geschafft, vorwärts und rückwärts zugleich denken zu lernen: Dialektik ist, in Gedanken vorwärts und rückwärts zugleich zu gehen. Dialektik hat ihr Vorbild im Traum.

Weil man aufwacht und denkt ›War doch wieder nur ein Traum‹, will man dieses entbehrte Gefühl des Traums wiederherstellen und wird aktiv:

34 Hierzu siehe auch Türcke, Christoph: »Philosophie des Traums«. München: Beck, 2008, S. 60 ff.

35 Vgl. Bloch, Ernst: »Das Prinzip Hoffnung« Bd. 1. Frankfurt a. M.: Suhrkamp, 1977, S. 258 f.

wenn Kunst vom Traum kommt, wie ist dann Kunst unter diesem Gesichtspunkt zu verstehen?

– und als wir uns in einer Bucht zwischen den Häusern küssen wollen, stellen wir fest, dass hinter dünnen Holzwänden Polizisten und Polizistinnen in dunklen Uniformen und mit Mikrofonen und Fotoapparaten kauern und uns aufnehmen, in verzweifelt grinsendem Voyeurismus leer vor sich hinstieren und nichts machen, aber so funktioniert hier alles, der Staat ist allgegenwärtig, aber unsichtbar und tut nichts, es gibt ihn gar nicht, auch keine Sanktionen, aber man kann ihm nicht entrinnen, und wir fliehen jetzt genauso wie die anderen ziellos durch die Straßen, alles ist voller Autos, zwischen denen man kaum durchkommt, die auch ständig von allen Seiten kommen, obwohl es Ampeln gibt und Zebrastreifen, und sie haben fantastische Formen, sind alle funkelnagelneu und vor allem jedes verschieden, dazwischen dunkle Polizeibusse, die aber nichts tun, wir verlieren uns, und ich komme ans Meeresufer, an dem der gigantischste Kanal aller Zeiten gebaut wird, was selbst ein Terrorakt der Regierung ist, die man nicht sieht, und was, wie ich den Eindruck habe, nur Bluff ist, was, während ich da ankomme, von lauten Stimmen kommentiert und erklärt wird, als handele es sich um einen Fernsehbericht, wieder sieht man aber nichts davon, nur Felsen und Wasser, in dem außer Booten auch Autos bis zur Hälfte im Wasser fahren, die Menschen darin blicken in lächelnder Verzweiflung vor sich hin, freundlich, fast liebevoll, aber komplett ratlos, perspektivlos, weiter hinten ist etwas zu sehen, das ein riesiger Kran sein könnte, aber auch eine verrückte Felsenformation, und auf den betonierten grauen Plateaus zwischen den Wasser- beziehungsweise Meeresbuchten fliehen Menschengruppen ziellos in gegenläufige Richtungen, sind deutlich auf der Suche nach irgendetwas, da kommt eine Gruppe von Fliehenden vorbei, alles ist zubetoniert und oben drüber auf dicken Betonpfeilern auch alles voller zusammen- und auseinanderlaufender Straßen, und weiter vorne fährt schon wieder so ein dunkler Polizeibus vorbei, aber die Polizisten nehmen keine Notiz von mir, ich habe keine Angst mehr vor ihnen, sie sind nur Staffage, von der anderen Seite kommt ein oben offenes pirogenartiges Gefährt, in dem die Menschen dicht zusammengepfercht stehen, sechs, acht, zehn Personen, die da durch die Gegend rollen und ziellos suchend um sich blicken, zum Teil mir zuwinken, es könnten meine Leute sein, und es gibt auch andere, kleine Autos, die ab Türhöhe oben offen sind und in denen

die Menschen dicht zusammengedrängt stehen, und dann will ich wieder über eine riesige Kreuzung, an der mindestens sechs oder sieben Straßen zusammenkommen, wo es zwar auch Ampeln gibt und Zebrastreifen, aber wieder hören die Autos nicht auf zu strömen, wieder sind sie alle neu, aber ich bemerke, dass keines dem anderen gleicht, sie sind individuell wie Menschen, sehr förmig und beulig, alle sauber und glänzend und mit ihren Fahrern verschmolzen, zu Menschen gewordene Autos, zu Autos gewordene Menschen, andere Leute wollen auch über die Kreuzung, aber jedesmal, wenn wir starten, kommt aus einer anderen Straße eine mindestens dreispurige Kolonne, da sagt eine Frau, dass wir doch keine Angst zu haben brauchen, weil sie uns ja nicht verletzen dürfen, die Automenschen es sind, die darauf achten müssen, dass nichts passiert, nicht wir –

– »zu Autos gewordene Menschen«, mit ihnen verschmolzene, wie Nymphen, Oberteil menschlich, Unterteil Auto. Auch die Form jedes der Autoteile dieser Automenschen ist so individuell verschieden wie die Menschen. Die Autopersönlichkeit, der Homo Autoens, die Vollendung des Menschen nach dem Bild der heutigen Zeit, seine Darstellung im Kunstwerk, wie sie die animierte Filmproduktion heute spielend verwirklichen könnte.

Genauer kann man den aktuellen Zustand der Welt nicht darstellen.

Seit ich diesen Traum hatte, verfolgt mich diese Vorstellung, wenn ich die verbitterten Gesichter der Automenschen auf Rümpfen hinter den Frontscheiben ihrer autoisierten Restverkörperung sehe, diese traurigen Mienen, die Aussichtslosigkeit und Verzweiflung spiegeln, dieses Bild der menschlichen Gesellschaft im dritten Jahrtausend.

Und es ist nicht nur mein Bild der Gesellschaft, in der ich lebe, sondern das Bild einer Gesellschaft, in der der Mensch zum Mittel des Autos wird und nicht das Auto ein Mittel des Menschen ist, das deshalb mit ihm verschmilzt. Wie das Bild der viereckigen Gesichter seiner Eltern, von dem ein Kind in dem erwähnten Literaturworkshop träumte, ein Bild der damaligen TV-versklavten (heute wäre es das Internet) Gesellschaft, in der wir leben.

Wenn man nun Traumkunst als unbewusste Kunst und die in Museen und auf dem Kunstmarkt zugängliche Kunst als bewusste bezeichnete und die beiden vergleicht, fällt auf, dass die unbewusste Traumkunst das Leben in die Gesellschaft reinspiegelt, ohne Anfang und ohne Ende, ohne Grund und ohne Logik, ohne Absicht und ohne Ziel; interessenlos.

Die bewusste Kunst aber verfälscht Leben und Gesellschaft, biegt zurecht, frisiert schön. Sinn, Bedeutung, Botschaft: alles Versuche, der Sinn-, Bedeutungs- und Botschaftslosigkeit des Lebens doch noch Sinn einzuhauchen. Dramaturgie ist der verzweifelte Versuch, der zufälligen Reihenfolge des Traums – wie des Lebens, das er spiegelt – zu entrinnen. Die ›Moral von der Geschicht'‹, Pointen, Schlüsse im doppelten Wortsinne, am deutlichsten das berühmte ›Happy End‹, sind Ergebnisse der Anstrengung einer Reise ohne Anfang und Ende, dieses Ende doch noch zu erleben.

Das ist der Grund für die Leere, die man nach dem Zuendelesen eines Buches, beim Verlassen des Kinos oder Theaters oder nach einer schönen Musik empfindet: Man springt aus dem fahrenden Zug und fällt in ein tiefes schwarzes Loch, denn der Zug ist ein Raumschiff und rast durchs All.

Kunst, die eine ›Aussage‹ hat, ist Fälschung des Lebens, Suggestion, das Leben habe einen Sinn, Trostpflästerchen dafür, dass es keinen hat. Wenn Kunst »das aktive Amt des Vor-Scheins«[36] hat, sind Träume der Vor-Schein selbst. Mit anderen Worten: Vor-Schein nicht als Vorhersage wie bisher verstanden, sondern als Indikator eines möglichen anderen Lebens, einer möglichen anderen Wirklichkeit.

So gesehen sind Träume nicht nur Ursprung der Kunst als solcher, sondern die einzig wahre Kunst.

Die von Menschen bewusst geschaffene Kunst ist im Vergleich zum Gesamtkunstwerk Traum und dessen nicht annähernd fassbarer Vielfalt ziemlich stümperhaft. Franz Kafka ist einer der Wenigen, die das vom Traum kommende und im Traum verankerte Wesen der Kunst annähernd ins Wache übertragen konnten, ebenso Buñuel, die Boschs. »Aufgabe der Kunst heute ist es, Chaos in die Ordnung zu bringen«[37], schreibt Theodor W. Adorno – diesen Anspruch, dieses Kriterium erfüllt aber nur die Traumkunst, die bewusste Kunst versucht in der

36 Bloch, Ernst: »Das Prinzip Hoffnung« Bd. 3. Frankfurt a. M.: Suhrkamp, 1985, S. 1627.

37 Adorno, Theodor W.: »Minima Moralia«, S. 251.

Regel genau das Gegenteil: allein, indem sie einen Anfang und ein Ende hat, suggeriert sie eine Ordnung, wo es keine gibt.

Deshalb ist das Fragment die reichste Literaturform, weil es keinen Anfang und kein Ende hat und damit dem Traum, als Vorbild aller Kunst, auf der Ebene der Literatur am nächsten kommt; die dem Traum am nächsten kommende Kunstgattung ist freilich die Musik, weil sie am unmittelbarsten im Bereich des Unbewussten wirkt und Stimmungen erzeugt.

Das Ziel der Kunst sollte es sein, den Traum einzuholen.

»Ich finde, daß die Märchendichtung das am weitesten ausgedehnte Reich der Poesie ist«, schreibt Hans Christian Andersen.[38] »Es reicht von den blutdampfenden Gräbern der Vorzeit bis zu dem Bilderbuch mit frommen Legenden für Kinder und nimmt Volksdichtung wie Kunstdichtung in sich auf. Das Märchen ist Repräsentant aller Poesie. Wer möchte, kann das Tragische, das Komische, das Naive, die Ironie und den Humor hineinlegen und hat zugleich die lyrische Saite, das kindlich Erzählende und die Sprache der Naturbeschreibung zu seinen Diensten« – kann man Traumkunst exakter beschreiben?

Das gute Ende repräsentiert den Wunschtraum: Ende gut, alles gut. Es gibt aber kein Ende, solange die Sonne noch scheint, und auch den Anfang kennt keiner: erst wenn bewusst geschaffene Kunst dies darzustellen vermag, hat sie das Niveau der Traumkunst erreicht. Bis dahin bleibt sie, wie die ebenfalls aus dem Traum geborene Religion, warnende Beschreibung der Verhältnisse und gleichzeitig Trostpflaster für ein Leben in diesen Verhältnissen, dessen einziger Sinn die Sinnlichkeit ist, die jede Nacht durch den Traum regeneriert werden muss, nachdem und weil der unsinnliche Alltag einer widernatürlichen Bereicherungsgesellschaft sie abgestumpft hat.

Kunst ist etwas, das nicht von der Notwendigkeit zu überleben bestimmt wird.

Die Entstehung der Kunst aus dem Traum könnte man sich auch folgendermaßen vorstellen: Irgendwann, nachdem die Reflexionsfähigkeit des Affen eingesetzt hatte, fand ein solcher Mensch im Wald ein Stück Holz, das ihn an etwas erinnerte. Lange nahm er seine frisch gewonnenen

38 Zitiert nach Buschhoff, Anne; Stein, Detlef (Hrsg.): »Hans Christian Andersen. Poet mit Feder und Schere – Katalog zur Ausstellung in der Kunsthalle Bremen 2018«. Bremen: Wienand Verlag, 2018, S. 33.

Fähigkeiten in Anspruch, um das Rätsel zu lösen. Plötzlich hatte er eine ans Sexuelle erinnernde Erregung, die ihn an den Traum der letzten Nacht erinnerte, und stellte fest, dass er das Ding nachts im Traum gesehen hatte. Aber es entsprach nicht dem, was er gesehen hatte. Er musste es verändern, und da er schon Steine dazu benutzt hatte, um mit ihnen Nüsse zu knacken, konnte er mit diesem Instrument daran herumwerkeln, bis es dem Ding im Traum immer ähnlicher wurde. Dabei wurde aber auch die Erinnerung an die körperliche Erregung des Traums immer deutlicher, bis sich Ding und erinnertes Ding glichen und seine Erregung am stärksten geworden war.

Er konnte das Ding weder essen noch etwas mit seiner Hilfe fertigen. Trotzdem löste das Ding in ihm angenehme emotionale Bewegungen aus, die er bisher nicht kannte. Was immer es war – es war so intensiv, dass es wiederholt werden musste.

Zu der sexuellen Erschütterung konnte er nur mithilfe eines Partners, einer Partnerin gelangen, zu der neu entdeckten nur mithilfe des Dings. Dies erzeugte Respekt und, da die ganze Angelegenheit nicht durchschaubar war, eine gewisse Ehrfurcht vor dem Ding. Je öfter sich dieser Zustand wiederholte, desto erweiterter stellte er sich dar und desto größer wurde sein Wiederholungszwang. Die Herkunft vom Traum war längst vergessen.

Kollektiv ließ sich dieser erregte Zustand durch gleiche Laute und Bewegungen herstellen, was schnell zu Ritualen führte; immer neue, bessere Dinge mussten geschaffen werden. Es musste von den alltäglichen, notwendigen Tätigkeiten abgesehen werden, wenn man in diesen Zustand gelangen wollte. Dieser spezifische Zustand der Erregung war zu nichts nutze, außer erzeugt zu werden und dann da zu sein. Er war aber so dringend, dass er zum Teil des sozialen Lebens wurde: Die kollektive Organisation dessen wurde die Religion, das Gewerkel säkularisiert später Kunst, generell Kultur.

Aus beidem folgt die Utopie, die freilich schon dahintersteckt – und jede Nacht im Traum zum Greifen nahe ist. Utopie ist die Idee, dass das menschliche Leben nicht von der Notwendigkeit zu überleben bestimmt ist, heute darüber hinaus, noch verschärft, nicht von der Diktatur des Profits.

Insofern ist Kunst der erste Schritt zur Utopie.

In Freuds »Traumdeutung« finden sich die Kriterien, was Kunst ist, nach welchen Kriterien sie funktioniert; Künstler können sie als Anleitung lesen. Träume können für einen Schriftsteller der Treibstoff, Antrieb *und* Stoff für das am Tag zu Schreibende werden. Träumen kann als Inspiration für fiktionale Prosa genutzt werden. Das Erlernen der von Freud beschriebenen Arbeitsweise des Traums, seiner Werkmeister, könnte Stoff sein –

eine Schreibwerkstatt mit den Werkmeistern des Traums als Lehrer:
– riesige Prozession von Paletten mit Büchern, alle verschieden, in einer Arkade neben einem ›alternativen‹ Buchladen vorbei, in den ich stolz mit einer Faust grüße; ich entdecke einen prächtigen Bildband, richtiger Foliant in Leder auf Büttenpapier, über (oder Biografie von) Ernst Lubitsch, reich verzierte Seiten und da, wo ich aufschlage, vier Szenenskizzen an ornamentierten viereckigen Rahmen, oben im Bild ein langer Tisch, anscheinend ein großes kaltes Buffet – unten im Bild die Leiche, über die Leiche wird ein Tisch gestellt –
– Einführung in die Grundlagen des Schreibens: Verdichten und Verschieben. Als Warm-up: Träume erzählen. Einige Beispiele für weitere Inhalte des Traums als Inspiration: Die Anteile Eigenes/Fremdes in den anderen Personen im Traum, die einem genauso fremd gegenübertreten, obwohl sie zu hundert Prozent von einem selbst geschaffen sind, muss den Anteilen Eigenes/Fremdes bei der kreierten literarischen Person entsprechen, darf genauso wenig entschlüsselbar sein, muss genauso überraschend bleiben.

Traumbeispiele als unmittelbares Vorbild für Verdichtung, Vermischung und Verfremdung, auch Verknüpfung von scheinbar Unverknüpfbarem oder Verbindung von Ursache und Wirkung, die ›normal‹ nicht möglich zu sein scheint: Sachen, die nichts Bedrückendes an sich haben, ein Licht an einer bestimmten Stelle, eine Stimme, ein Klopfen, bewirken den Eindruck höchster Gefahr und Beklemmung. Man weiß nicht, wovor man Angst hat. Erweiterungen von Freuds Werkmeistern Verdichtung und Verschiebung sind nicht nur die Brecht'sche Verfremdung, sondern verschwimmen auch, vertauschen, verschwimmend vertauschend Übergänge produzieren, vermischen und verwandeln, verschlingen, miteinander verweben.

Oder das Dramaturgievorbild Spannungserhöhung durch Herauszögerung: Wie im Traum erfüllt sich das Gewünschte nicht sofort, sondern es schiebt sich etwas davor, das es rauszögert, eventuell noch was und noch was, bis es überhaupt nicht mehr erfüllt wird; eine erotische Begegnung ist hundert Prozent vereinbart, aber es schiebt sich nicht nur die Taxifahrt dazwischen, bis man ein Bett in einem Zimmer für sich allein hat, sondern im Taxi noch ein Krach und dann noch Eincheckprobleme, bis es zu dieser Begegnung gar nicht mehr kommt, die ja sowieso nur ein Porno wäre.

Das alles ist Kunst, macht sie aus, sind ihre Kriterien.

Oder so wie man manche Details von Träumen erst in der Erinnerung sieht, quasi einer zweiten Erinnerung: wer es schafft, Details so auszudrücken, dass in ihnen die gesamte Traumempfindung zum Ausdruck kommt, hat wahrhaft Kunst gemacht.

Konkrete Träume sind ein Bruchteil der abstrakten, in denen es keine Handlung gibt, keine beschreibbaren Situationen, aber umso mehr unmögliche Zusammenhänge und Dinge, die es nicht gibt. Die abstrakten sind die weiter ins Unbewusste reichenden, also spekulativ ausgedrückt die ›traumhafteren‹ Träume. Sie machen die Masse aus, an die man sich in der Regel nicht oder fast gar nicht erinnern kann, weil sie nicht fassbar, begreifbar, formulierbar sind. Je mehr und genauer man sich zu erinnern imstande ist, desto deutlicher wird das Nichterinnerte und Nichterinnerbare, je mehr man von der Spitze des Eisbergs sieht, desto mehr kann man von seiner unsichtbaren Dimension ahnen.

Träume, in denen unglaublich viel passiert, aber keine erkennbare logische Handlung, sind die am wenigsten erinnerten und am häufigsten vorkommenden, aber als völlig unaufklärbare die wichtigsten, spannendsten, die Kreativität anregende Rätsel aufgebenden, gerade weil sie keine ›Bedeutung‹ zu haben scheinen, völlig sinnlos wirken.

Alles Erklärbare, Zurückführbare ist vom Erkenntnisgewinn über den Traum begrenzt – spannend sind die unerklärlichen Ereignisse des Traums. Ihr Funktionieren herauszufinden, ihre Technik in Fortführung des Verdichtens, brächte neue künstlerische Mittel und Techniken hervor: bewusst nicht logisch zusammenpassende Dinge vermischen, übergangslos vermengen, mit gleitenden Übergängen verbinden, verknüpfen bis zum Nicht-mehr-auseinanderhalten-Können, auch Abstraktes und Konkretes zu einer unaussprechlichen Angelegenheit vermischen.

Schlüsse von Träumen, in denen irgendeine schöne Erwartung noch besteht, der Traum aber trotzdem an dieser Stelle abbricht, als könnte es so nicht weitergehen, sei blockiert, treiben den Geist im Wachen weiter, können zu Kreativitätsschüben zur Bewältigung des Alltags werden – wie jede künstlerische Darstellung mit offenem Ende.

Der von Freud beschriebene »Tagesrest«, eine Erinnerung an am letzten Tag Erlebtes, der ein Element der Quelle der Traumbildung ist: Urbeispiel für künstlerische Verwandlung, Umsetzung, Verschiebung – was erfindet der Träumer, um den Tagesrest erscheinen zu lassen, wie kommt er auf ihn, wie setzt er ihn um, welches Bild, welchen Zusammenhang findet er dafür – und das gilt auch für alles andere, aus früherem Übertragene.

Die im Traum gespiegelten Ängste und Wünsche sind das Material, aus dem das Kunstwerk sich zusammensetzt, wie bei dem bei Bewusstsein gefertigten, aber vom Unbewussten gespeisten Kunstwerk auch, die Psychoanalyse erklärt das Material, aus dem sich Kunst zusammensetzt.

Der Königsweg, die höchste Kunst der Funktionalisierung der Traumenergien und -mittel für die Literatur ist: sich in den Schlaf zu schreiben und quasi im Halbschlaf die dabei aufkommenden Traumfetzen in kurzen Halbwachphasen live mitzuschreiben.

Der Traum spiegelt das Leben wider und fügt ihm damit etwas hinzu –

das als Kunst ins Leben zurückkehrt:
– da kommt sie schon lächelnd, und es ist klar, dass sie eine Beziehung zu mir will, aber irgendetwas Kompliziertes dazwischensteht – und so laufen wir durch einen langen Glasgang, inmitten eines Feldes, an dessen Horizont Städte brennen oder Atombomben explodiert sind, wir haben die Beziehung, inzwischen, aber Krach: ich soll ihretwegen etwas nicht machen, es steigert sich, ich will sie küssen – da reißt sie sich los und rennt aus dem Glasgang, aber ich rufe ihr hinterher, dass sie wiederkommen soll und ich mit ihr zusammen sein will: da wirft sie sich mir um den Hals und sagt, dass genau das sie hören wollte –
– die vorherrschende Haltung der Menschen in dieser Gesellschaft sieht hingegen Traumkunstwerke als ›Schäume‹, also als etwas unverbindlich

Vergehendes, aus Millionen von platzenden Bläschen Bestehendes, die das, was der Traum erinnert und dessen Möglichkeit er jede Nacht neu aufzeigt, als naturgemäß notwendig platzende Illusion darstellen. Die implizit vermittelte Möglichkeit einer herrschaftsfreien Gesellschaft nimmt der Träume auf diese Art verstehende Mensch gar nicht wahr oder wenn, sieht er sie als hübschen Traum, der dort zu bleiben hat, wo er herkommt, im Dunkel der Nacht, im Unbewussten, im Jenseits.

Denn weil Träume keine Schäume sind, sondern Hinweise auf gegenteilig bestimmte Haltungen, Zustände, in denen der Mensch sich wohlfühlt, weil er nicht unter dem Druck einer Macht über ihm steht, Macht, Unterdrückung, Gewalt dargestellt wiederfindet als etwas, was er nicht will, es also gegenteilige Zustände sind, nach denen jeder Mensch sich sehnt: deshalb nennen die Menschen schöne Zustände ›traumhaft‹ –

ließe der Mensch sich ungehindert darauf ein:

– ich fliege einen Jagdbomber, ganz knapp an einem Atomkraftwerk oder einer Rüstungsfabrik vorbei und muss aufpassen, dass mich die feindlichen Flieger nicht ausgerechnet dort erwischen, sonst geht das hoch; ich drehe ab, fliege an sich ziemlich tief, muss einmal aufpassen, mich nicht im Gestrüpp von Stromleitungen zu verheddern, freue mich aber über den Weitblick der schönen grünen Wiese, bis ich merke, dass das Benzin ausgeht; irgendwie finde ich es kein bisschen anstrengend, sondern sehr komisch, ich fliege immer tiefer; das Flugzeug ist ein relativ dicker silberner Kolben mit kurzen Stummelflügeln, zwei andere sehe ich in der Nähe, da komme ich zu einem Dorf, überfliege es knapp, schöne Fachwerkhäuser, ich lande in einem Dachgestühl sehr sanft, steige durch das Holzdach und komme in einen Raum, in dem mich eine Kopftuch tragende Türkin empfängt; meine Tasche mit der Atombombe habe ich dabei und sie durchsucht sie, merkt aber nichts; will mich anwerben, meint, mit diesen Äpfeln in der Tasche würde ich genommen –

– Atombomben bestenfalls als Placebos, schlagen diese Träume vor, die Idee der totalen Vernichtung nur noch als Kitzel, der die erotische Spannung erhöht. Warum das Schäume nennen und nicht wörtlich nehmen? Und die selbstverständliche Gleichsetzung von Atomkraftwerk mit Atombombe als Widerschein des veränderten gesellschaftlichen Bewusstseins: in den fünfziger Jahren, als noch für Atomkraft anstelle von Atombomben demonstriert wurde, wäre dieser Traum als Unsinn abgetan worden, wie aller andere ›Unsinn‹, der jede Nacht geträumt wird und real existierende Verhältnisse darstellt. Und dieser Traum wurde geträumt, als der Ost-West-Gegensatz noch die Welt beherrschte und die Drohung mit der Atombombe eine gesellschaftliche Realität war.

Wenn ich anderen Menschen sage, dass sie nobelpreiswürdige Künstler sind, weil sie jede Nacht träumen, lachen sie mich aus: »Wenn du wüsstest, was für einen Quatsch ich träume.« Ich entgegne ihnen, dass der »Quatsch« in meinen Augen viel mehr über die Realität aussagt, mich der Quatsch ›Realität‹ viel deutlicher als Quatsch erkennen lässt als alle intellektuellen Ordnungsmodelle, deren letztlicher Motivationshintergrund unklar bleibt, so überzeugend sie als Erklärungen auch klingen mögen. Der Tatsache, dass es in Träumen unlogisch und auch von allen sonstigen Gründen her nicht nachvollziehbar zugehe, entgegne ich, dieser Umstand zeige nur, dass es bei uns hier in der sogenannten Realität genauso unlogisch und nicht nachvollziehbar zugeht, und alle verzweifelten Versuche, irgendwie Sinn, Ordnung, Reihe in das Ganze hineinzubringen, sich als Wunschdenken entpuppen.

Die wahren gesellschaftlichen Kräfte wälzen sich woanders, relativ unkontrolliert und trotz großer intellektueller wie spiritueller Anstrengung letztlich unbegriffen.

Diesen Aspekt bringt das Traumkunstwerk nahe.

Das dem Traum an nächsten kommende bewusst erzeugte Kunstwerk wäre eines, das man nicht im Gedächtnis behalten kann, denn die intensivsten Träume sind die, die man zwar heftig spürt, aber von denen man keine Bilder, keine Texte, nichts Konkretes erinnern kann, obwohl man sie intensiv spürt.

Als ob man aus dem Theater komme, tief beeindruckt und emotional betroffen, sich aber an nichts erinnern kann, kein Gesicht, keine Szene, nichts, man hat das Buch zu Ende gelesen, weiß keinen Namen mehr, keine Situation, man kommt aus dem Museum und hat kein Bild, keine Farbe mehr in Erinnerung – ist aber völlig aufgewühlt.

Was bleibt, was zählt, ist allein die Stimmung, im Traum wie im Kunstwerk.

Abstrakte Malerei, absurdes Theater, Nonsense-Improvisationen kommen dem am nächsten, und kehren damit zu ihrem Ursprung Traum zurück. Sie sind keine Schäume, Unsinn, weltfremd, sondern Zustandsabdrücke. Schäume, Quatsch, Illusionen sind die Reden von blühenden Landschaften, die Predigten vom Paradies im Jenseits.

Das Kunstwerk Traum hingegen zeigt –

welche Möglichkeit sein könnte – und wie die Realität ist:

– und ich komme in ein Restaurant, das ein staatlich organisierter Treffpunkt ist, an dem Männer und Frauen zusammengeführt werden, die einzige Form, mit der man sich überhaupt treffen kann, alles total durchorganisiert und von atemberaubender Beklemmung, alle Tische reserviert für bestimmte Zusammenführungen, alles ganz leise, lauter schöne Menschen, von denen ich denke, dass sie es doch gar nicht nötig haben, sich so zu finden, die aber total verklemmt und verschüchtert dasitzen und hoffen, sich näherzukommen, ziellos suchend um sich blicken, die Chefin, eine elegante Mittdreißigerin in kurzem Rock, weist mich freundlich, aber bestimmt ab, zeigt auf die meist leeren, aber reservierten Tische, an denen die traurig und ratlos sehnsüchtig blickenden Menschen sitzen, stumm oder flüsternd, und der Ausgang ist eine enge Wendeltreppe, die immer enger wird, wulstig eng, ich muss mich durchquetschen und denke, dass das ein Geburtstrauma ist, aber ich weiß genau, dass wenn ich da rauskomme, gleich danach eine noch schönere Landschaft erscheinen wird, wenn ich nur durchhalte, was mir die Kraft dazu gibt, mich rauszuzwängen, und so ist es dann auch: noch schönere Bauten, einer fantasievoller als der andere, verschlungen und verwinkelt gebaut, Häuserzeilen, wie aus Schokoladenguss mit geradezu grell bunten Zuckergussverzierungen, hochaufschießende Kirchen und Kirchtürme, Museen mit großen, dunklen, vergitterten Fenstern, aber es ist eine Zwangsgesellschaft, die in Autos rechnet, alles ist voller Autos, zwischen ihnen wieder diese ratlos eilenden, flüchtenden Menschen, völlig perspektivlos, keiner hat eine Ahnung, wie er da jemals rauskommen soll, und man muss sich in diesen Restaurants treffen, um überhaupt Kontakt zu anderen Menschen zu bekommen; ich komme ins Gespräch mit einer Frau, der es genauso geht wie mir, wir wollen uns zusammentun, laufen zusammen weg und versuchen, dem irgendwie zu entfliehen, und geraten in ein solches Treffrestaurant, vielleicht dasselbe wie vorhin, in dem die Leiterin uns Würstchen-essend in einer von durchsichtigen Plastikwänden umstellten Kaue vorwurfsvoll empfängt und mit vollem Mund

anklagt, dass wir unsere Zeit schon lange überschritten hätten, wir gucken auf die Bänke, die unbequem sind, dicht davor gezwängt die Tischplatten, auf denen das Essen steht, es gibt nur zwei Sorten von Würstchen: kleine lange, wie Wiener, und kleine runde Bällchen, in denen das gleiche Fleisch steckt, aber beide sind letztlich eklig, und die Leiterin, eine wirklich sehr schöne junge, elegante Frau, sagt, dass sie zwei von unseren Würstchen genommen habe, weil wir ja nicht gekommen seien, und schließlich alles nach Plan ablaufen müsse, sonst gehe ja gar nichts, aber wir wollen alleine sein, gehen wieder raus, durch dunkle enge Gänge und Treppen, und ich sehe meine Schwester Sabine darunter und bin schockiert, rufe ihr zu, dass es doch nicht wahr sein kann, dass sie da auch mitmacht, aber sie ist ganz verzweifelt aufgebracht und widerspricht mir, ruft zu mir herüber: »Wir sind doch Künstler, wir lassen das nicht zu!«, was über die ganze Landschaft hallt, Katharina läuft auch ratlos weiter hinten, Sabine ist wütend, empört, trommelt mit den Fäusten auf den Beton, flieht aber dann weiter, verschwindet –

– egal, wie die verschiedenen Bahnhofsgastronomieketten heißen: »das gleiche Fleisch steckt« in allen ihren Produkten, die ihnen aufgeklebten verschiedenen Markenzeichen, die von hochkarätigen Grafikern gestaltete Verpackung, die keimfreien Überziehhandschuhe der Verkäufer und Verkäuferinnen täuschen nur darüber hinweg, dass alles »letztlich eklig« und wie man heute weiß, zwar erst mit der Zeit, aber letztlich tödlich ist. Genauso, was die in diesem Traum staatlich organisierte, im Wachen von der Diktatur des Profits befohlene und von den Menschen verinnerlichte, auf Ameisenreflexe reduzierte Kommunikation betrifft: was sind die schönen Menschen auf den engen Bänken anderes als die auf Smartphone-Apps reduzierten, gekrümmten und verzweifelt ratlosen Menschen in der einen oder anderen Snackkette? »Es ist eine Zwangsgesellschaft, die in Autos rechnet, alles ist voller Autos, zwischen ihnen wieder diese ratlos eilenden, flüchtenden Menschen, völlig perspektivlos, keiner hat eine Ahnung, wie er da jemals rauskommen soll« – das tägliche Elend auf den Straßen dieser Welt, überall und allgegenwärtig. Der Traum zeigt das Problem, aber nicht die Lösung. Wenn der biblische Josef seinen Traum zum Anlass nahm, vorzuschlagen, Vorratsspeicher zu bauen, war das Folge seiner Haltung zum Traum als Darstellung der Wirklichkeit, nicht eines im Traum erfolgten Handlungsvorschlages:

er nahm die Darstellung der Verhältnisse zum Anlass, diese zu verändern, der dazu behauptete mystisch ideelle Überbau war nur sein Erklärungsmodell.

Nachdem Sigmund Freud die allgemein geltende Haltung zum Traum als raunende Stimme entmystifiziert und mit seiner Entdeckung der Werkmeister des Traums, also Verdichtung, Verschiebung und Vermischung, das Tor zum Verständnis des Traums als Weltgesamtkunstwerk aufgestoßen hatte, fand er im Traum das Mittel, mit dessen Hilfe der Einzelne, der an der Gesellschaft leidet, sich verändern kann. Der Traum ist kein Mittel, das die Veränderung hervorruft, aber es ist der Weg dorthin.
Die Entdeckung der Werkmeister des Traums ist auf der ideellen Ebene zu vergleichen mit der Erfindung des Rades auf der materiellen.

Freud hat mit dieser Entdeckung die Spitze des Eisbergs Traum gesichtet und irreversibel darauf hingewiesen. Er hat die Spitze des Eisbergs mit seinem Fernrohr erspäht und herangezoomt – und dadurch ahnen lassen, was für ein gewaltiger Eisklotz darunter im Meer des Unbewussten schwimmt, in dem die Steuerungselemente der Psyche gebunden sind. Dieser untere Teil des Eisbergs ist ein blinder Fleck.

Wenn man dabei bleibt, nur diese Spitze zu betrachten, erleidet man Schiffbruch wie die Titanic. Und ein Mittel ist als Mittel nicht gut oder schlecht – gut oder schlecht kann nur seine Anwendung sein –

die logische Fortsetzung der Psychoanalyse ist die Sozioanalyse:
– ich sitze mit einer schönen Frau im Auto, hinter uns ein Auto aus Bochum, in dem eine böse blickende Frau sitzt; diese Frau hat eine äußerst anziehende Ausstrahlung, aber über uns liegt eine beklemmende Atmosphäre und sie sagt: »Die Frau da hinten im Auto unterstellt uns, dass wir uns gleich küssen«, obwohl es wegen Corona verboten ist, ich beuge mich über sie, wir flätzen auf einem Sofa, bis sich unsere Gesichter fast berühren, sie lässt es zu, und ich sage: »Dann wollen wir ihr doch den Gefallen tun«, worauf sie lächelnd ihre Lippe öffnet –
– Tagesrest individuell psychoanalytisch: Begegnung mit der schönen Mutter einer Mitschülerin meines Sohnes, die ich gerne geküsst hätte, Tagesrest gesellschaftlich sozioanalytisch: eine Nachbarin, die gedroht hatte, die Polizei zu rufen, weil ich meinem Sohn erlaubt hatte, mit anderen Kindern auf seinem Trampolin zu hüpfen: »Können Sie nicht

Zeitung lesen? Sie gefährden sich doch selbst damit, Sie gehören doch zur Risikogruppe!«, also Spiegel des gesellschaftlichen Zeitgeists: Einmischung getarnt als Fürsorge für mich. Kunstwerk Traum als Schlüssel zur Utopie: die beklemmende Erfahrung der gesellschaftlichen Situation in Lust umwandeln, in Energie, diese Welt, »umzudrehen und anzuwenden«[39] –

Therapie mittels Traum nicht nur für den Einzelnen, sondern für die Gesellschaft:
– wobei ich auf eine Bergstadt treffe, die malerisch an die Felsen geklatscht ist, alte Häuser aus dem letzten Jahrhundert, hohe, fast barocke, aufwendig gebaute, an die Felsen geschmiegt, und in dieser Stadt sind riesige Becken eingelassen, Teiche, die man von Zuschauerbrüstungen aus von weit, weit oben betrachten kann, und in denen Robbenbabys schwimmen, was Teil der Therapie ist, und eine Lautsprecherstimme sagt: »Ja, es genügt ein kleiner Schnitt ins Herz, und Sie können die ganzen Traumata vergessen, mit denen Sie aufgewachsen sind«, was offenbar Werbung für eine Operation ist beziehungsweise Geldsammlung für diese Operation(en) bei den vielen Touristen, die sich das anschauen, und die sich auf das Abschlachten von Robbenbabys bezieht, was bei den Überlebenden offenbar psychische Schäden hinterlassen hat, und ich will auch auf dieser Strecke nicht weiter und völlig zurück zu meinem Ausgangspunkt, um auf der anderen Seite des Berges entlang zu meinem Ziel zu kommen, verirre mich in dieser dorfartigen Bergstadt –
– da Träume eine Situation in eine andere Form übertragen, verallgemeinern sie sie: dadurch wird jeder Traum nicht nur Ausdruck der individuellen Verfassung einer Person, sondern auch Bild der gesellschaftlichen Situation, in der diese Person lebt. Es empfiehlt sich also, die Ursache für das Unbehagen an der Gesellschaft nicht nur im Individuum zu suchen, sondern auch in der Gesellschaft – sie dort zu finden und umzukehren, ist der Schlüssel zur Utopie.

Geht es um die Robbenbabys oder die Touristen?

Solange der psychoanalytische Zugang zum Traum den Fehler ausschließlich beim Einzelnen sucht und nicht in der Gesellschaft, repariert

39 Häufig gebrauchte Wendung von Andreas Baader.

er zwar Beschädigungen, die die Gesellschaft stören, nicht aber die Neurosen, auf denen die Gesellschaft basiert: die Zwangsneurose des Besitzanhäufens um seiner selbst willen, die Alphatierneurose, die materielle Ersatzbefriedigungsneurose und so weiter. Die Psychoanalyse heilt nur die Neurosen, die der Gesellschaft schaden, nicht die, die der Gesellschaft dienen, wie Egomanie, Machtwahn, Raffgier.

Dem Traum hinzugefügte Analysen, Interpretationen oder Deutungen setzen sich immer aus so vielen äußeren Einflüssen zusammen, dass das Ergebnis beliebig zu werden droht.

Man braucht dem Traum nichts hinzuzufügen.

Man braucht sich nur auf ihn einzulassen, dann macht er etwas mit einem selbst. Das kann bis zu Traumanwandlungen am helllichten Tag führen; das ungehinderte Zulassen von Traumstimmungen im täglichen, vornehmlich vom Bewusstsein bestimmten Leben, kann unkontrollierbare Folgen haben, die in den Alltag zu integrieren einen enormen Aufwand erfordern, aber ungeahnte Blickwinkel öffnen kann, überraschende Einsichten.

Je ernster der Traum genommen wird, desto mehr gibt er zurück. Je mehr man ihn zulässt, desto größere Türen öffnet er.

Für mich rührt daher die eigentümliche Stärkungskraft, die jeder Traum, jedes Mal aufs Neue, für mich hat: jeder Traum gibt meinen eigenen speziellen Blick auf diese Gesellschaft und meine innere Stellung darin wieder, und er vermittelt mir mein ›Ich‹ als körperliche Stimmung mit in den Tag, und das ist es, was wie eine Achilleshaut wirkt. Jeder andere Mensch hat einen anderen Blick auf diese Gesellschaft, und wer diesen Blick der Traumerfahrungen, der für niemanden Allgemeingültigkeitsanspruch hat, sondern als Reichtum der Vielfalt wirkt, zulässt, wird dadurch gestärkt. Nur wer darin gestärkt ist, kann sein eigenes Gesellschaftsbild mit dem anderen des Anderen austauschen: Grundbedingung, um zu einer menschenwürdigen Gesellschaft zu werden.

Um seine therapeutische Wirkung genießen zu können, muss man den Traum beachten. Das Modewort ›Achtsamkeit‹ trifft leider auf nichts so sehr zu wie auf Träume, im Sinne von Be-achten.

Der Traum ist selbst Therapie. Man kann seine Wirkung dadurch verstärken, dass man sich auf ihn einlässt, sich erinnert, den durch den Traum ausgelösten Empfindungen nachspürt und sie durch sinnliche

Erinnerung re-intensiviert. Die Politik des Traums ist verselbständigte Schadensbegrenzung – Bedeutungssuche kann die Wirkung des Traums zerstören. Seine heilsame Wirkung wird durch die Erinnerung erzeugt; sinnliche Erinnerung, bewusstes Nachempfinden der vom Unbewussten erzeugten körperlichen Gefühlslage.

Im Idealfall: völliger Verzicht, darüber nachzudenken, eine Art Meditation zu und mit dem Traum. Denn der Traum selbst – und das war ja Freuds Entdeckung – ist dazu da, das Unbewältigte bewältigen zu helfen.

Das allerdings hat man wörtlich zu nehmen, dem gibt es nichts hinzuzufügen: Man braucht nichts dazu zu tun, dass Träume psychische Schäden aus der Welt zu schaffen helfen, sie tun es sowieso und schon immer, von selbst. Das ist ihre wesentliche Funktion, die sie im Unbewussten ausüben. Die Selbstheilungsfunktion des Traums ist immanent: Jede Nacht repariert der Traum die Schäden des vorausgegangenen Tages. Diese selbstregulative Funktion des Traums ist das strategisch wichtigste Mittel seiner Politik.

Die therapeutische Wirkung von Lachen ist bekannt. Wenn mein sechsjähriger Sohn im Schlaf lacht, weiß ich, dass es ihm gut geht. Wenn ich davon träume, dass fremde Koreaner, die ich beim Nachhausekommen überraschend in meiner Wohnung vorfinde, zu ihrer Rechtfertigung, wieso sie in meine Wohnung eingedrungen sind, sagen: »Wir haben den Schlüssel von der SPD«, dann ist in einer Situation, in der die SPD um ihr Überleben kämpft, der Traum ein Komödienstadel.

Träume vermitteln den gesellschaftlichen Zustand in einer körperlich spürbaren Stimmung. Diese Stimmung zu erkennen und auszudrücken ermöglicht, sich von diesem Zustand zu emanzipieren, sich von seinen negativen Auswirkungen nicht bestimmen zu lassen. Therapie als Nebenwirkung wie bei jedem anderen Kunstwerk.

Die Herausforderung ist, Mittel zu finden, den vom Unbewussten erzeugten Zustand im Bewussten nachzuverfolgen, und sich trotz des funktionierenden Bewusstseins bedingungslos intuitiv darauf einzulassen.

Interpretation und Analyse trennen das Gefühl, das die Träume erzeugen, von der Wirkung, die Träume durch die Erinnerung an sie haben können. Das Kognitive erweist sich plötzlich als Bremsklotz.

Das Kunststück, die therapeutische Wirkung des Traums zu verstärken, ist zunächst rein sensorisch. Eine sensitive Erinnerung an die vom

Traum ausgelöste Empfindung, und sobald eine in Worten ausdrückbare Situation erscheint, eine Person, eine örtliche Beschreibung, die die Grundempfindung repräsentiert, kann sie als Anker genommen werden, über den weitere Erinnerungen an Deck geholt werden können. Ein Wort, eine bildliche Erinnerung kann dazu führen, dass ein Traum auf einen Schlag im Ganzen wieder da ist. Ist diese Erinnerung sensuell verankert, kann sie unbewusst auch tagsüber vor sich hinwirken, während man selbst mit den Dingen des Alltags beschäftigt ist. Sie erzeugt akut die bereits beschriebene Achilleshaut gegenüber den Verhältnissen, den Panzer gegen die Zumutungen der herrschenden Gesellschaftsform. Sozusagen prophylaktische Therapie, Ich-Stärkung und -Bestätigung, wie sie auch jeder bewusste Künstler beim Anblick seines Werkes empfindet.

Der Traum hilft trotz Psychoanalyse, nicht wegen ihr. Die therapeutische Funktion der Träume wird durch ihren sinnlichen Nachhall erzeugt, nicht durch Ein- oder Zuordnungen. Der Traum hat deshalb eine heilsame Wirkung, weil er daran erinnert, dass es eine ausgeglichene Welt geben könnte. Deshalb sind Albträume die wichtigeren Träume, wenn man überhaupt eine derartige Wertung vornehmen will: weil sie die Welt zeigen, wie sie ist. Albträume sind Gesellschaftsbilder. Sie drücken die Verhältnisse am schärfsten aus, deshalb schmerzen sie. Albträumer sind Menschen, die besonders sensibel für den Zustand unserer Gesellschaft sind. Albträume sind besonders bei Kindern Abbild der Gesellschaft: sie selbst sind noch unbelastet, sie haben noch keine Abwehrmöglichkeiten, so nehmen sie die Gesellschaft unmittelbar wahr, direkter als Erwachsene. Albträume sind, therapeutisch gesehen, Anfangsverschlimmerung des zu bearbeitenden Problems, wie sie beim Impfen oder vor allem bei homöopathischen Behandlungen zur Regel gehören. Albträume sind zwar unangenehm, aber spannend. Sich an sie zu erinnern – gerade als solche – löst die Belastung auf.

Insofern sind Albträume die reichsten Träume – und deshalb auch künstlerisch die wertvollsten. Albträume im Wachzustand auszukosten ist die beste Therapie, das verwandelt den Schmerz in Kraft. Ihre Stimmung in den Tag genommen, stärkt gegen seine Fährnisse.

So wie es die Stimmungen von meinen Träumen im Gefängnis bei mir getan haben, und selbst wenn sie nicht erinnerbar waren, mir zu psychischem Widerstandspotenzial, Identitätsstärkung verhalfen, so tun sie das auch bei jedem anderen.

Wer sich an Träume erinnert, ist widerstandsfähiger gegen die Wirklichkeit. Deshalb sind ›Traumfänger‹, die ›schlechte‹ Träume abhalten sollen, masochistisch: sie sind therapeutisch die wichtigsten – und künstlerisch die spannendsten.

Allein schon die Betrachtung des Albtraums unter dem Gesichtspunkt, dass er ein Kunstwerk ist – nimmt ihm seinen quälenden Charakter, kehrt ihn um in Spannung, Kitzel.

Die heilenden Funktionen des Traums äußern sich paradox, scheinen widersprüchlich. Die beste Medizin schmeckt schlecht, lebensrettende Antibiotika können schmerzhafteste Nebenwirkungen haben – das trifft genauso auf Albträume zu.

Träume als Medizin müssen sich in die Ritzen des Tages quetschen – von dort können sie ihn wie ein langsamer Treibsatz durchwirken. Vielleicht sind sie der Zeitlupen-Sprengstoff, der den Alltagszwang eines Tages zerfetzt und die Utopie freisetzt. Erinnerte Träume sind nicht U-Bahnen ins Unbewusste, sondern aus ihnen heraus.

Kunst ist der Wiederholungszwang des Traums. Kunst ist eine Folge des traumatischen Wiederholungszwangs im wörtlichen Sinne. Man macht Kunst, weil man den Traum durch Wiederholung abarbeiten muss. Traum soll ja nicht traumatisieren. Auf- und umarbeitende Wieder- – im Sinne von ›zurück‹ – -holung. Kunst als Wiederholungszwang des Verdrängten.

So wie das Katalogisieren von Kunst zwar ihren Marktwert bestimmt, aber den Blick auf die Kunst, ihre Erfahrung und sensitive Wirkung eher reduziert, wenn nicht blockiert, so wie östliche Philosophie den gestressten Manager zwar beruhigen könnte, aber das westliche Begriffsgeschäume darum den Zugang dazu eher verstellt, so kann die analytische Deutung der Träume durchaus die Ursache von psychischem Unwohlsein erkennen helfen, verstellt aber dadurch den sinnlichen Zugang und schwächt damit dessen sensitive Wirkung.

Diese Sichtweise betrachtet Träume unter einem Sinn- und Zweck-Verhältnis. Das Verhältnis zum Traum wird ein Warenverhältnis, Preis-Leistungs-Verhältnis, ›was bringt mir der Traum?‹, ›hilft er mir, gesund zu werden?‹.

Das könnte er zwar, aber nur, wenn man ihn inhaltlich in Ruhe lässt. Was der Mensch dazu tun kann, ist, ihm zu erleichtern, sein Werk zu tun, ihn zu bestätigen, sensitiv zu verstärken, ihm, durch Erinnerung, den Raum bereiten, in dem man ihn sich entfalten lässt.

Die Traumstimmung ist die Medizin. Zur Anwendung sollte man sie verstärken, mit dieser Verstärkung die Selbstheilungskräfte der Psyche durch den Traum aktivieren.

Träume schaffen eine Distanz zu den eigenen Emotionen, Ängste scheinen indirekt erlebt zu werden, auch körperlich nicht wirklich real, selbst im Albtraum bleibt sogar das Entsetzen gedämpft, und so verhält es sich erst recht mit Freude, Wut, Lust etc. Träume erzeugen einen Selbstbeobachtungseffekt, und diese Distanz ist nötig, um Erkenntnisse über sich selbst zu gewinnen, die helfen, sich zu ändern, heilend wirken können.

Träume erfüllen ihre therapeutische Funktion allerdings auch ohne Erinnerung. Die durch sie erzeugte oder erarbeitete ausgeglichene Stimmung stellt sich auch dann ein, wenn man sich nicht erinnert. Man kann auch das ganz genaue Gefühl von einem Traum haben, aber nichts mehr von dem wissen, was passierte, und trotzdem eine intensive Erinnerung haben.

Das zeigt die geringe Bedeutung des Geschehens und der Bildlichkeit im Traum. Die Stimmung des Traums macht seine Kraft aus.

Wenn die erinnerten Träume die Spitze des Eisbergs sind, sind die nicht erinnerten der untere, deutlich größere Teil des Eisbergs. Die Träume, in denen keine Handlung im eigentlichen Sinne passiert, aber trotzdem Ereignisse stattfinden, Wichtigkeiten und heftige Gefühle, Situationen, auch wenn man kein Wort davon aufschreiben kann, sind emotional die stärksten; Träume, die man nicht rekonstruieren kann, fettwabernde Bewusstseinsursuppe, die sich unbewusst selbst einflößt.

Wenn man über Träume nicht nachdenkt, sind sie klar. Wenn man sich an den Traum erinnert, ist seine Arbeit bereits getan, was der Traum ›zu sagen‹ hat, sagt er im Traum.

Erinnerung kann verstärken, vertiefen, verlängern. Traum funktioniert indirekt, unzusammenhängend: Wer den Traum so nimmt, wie er ist, ohne darüber nachzudenken, kann auf einem ganz anderen Feld als dem, von dem im Traum die Rede war, plötzlich eine Idee haben.

Wie bei der Haltung zur Kunst: wenn Menschen nach der Aufnahme eines Kunstwerks auf Gedanken kommen – oder träumen –, von denen im Kunstwerk nicht die Rede war, dann hat das Kunstwerk angeschlagen. Auch Erinnerungen an Traumausschnitte als Anker für den ganzen Traum sind Zeichen, dass der ganze, auch nicht erinnerte Traum, wirkt und dies auch im noch nicht erforschten Teil des Eisbergs auch tut.

Vielleicht der Grund dafür, dass jeder Mensch jeden Morgen aufs Neue versucht, doch noch einen Fetzen Leben in einer lebensfeindlichen Gesellschaft zu erhaschen. Wenn er nicht jede Nacht träumte, hätte er dazu längst nicht die Kraft –

wozu also Bedeutung, Deutung, Interpretation?

– ich lebe auf einem Wüstenhochplateau, bergiges Gelände mit mehreren Ebenen und mehreren darauf verteilten Häusern, da kommt Souleyman Goro unangekündigt mit mindestens zehn Leuten, von denen sich rausstellt, dass sie zum Teil Deutsche sind, Künstler, die Mali besuchen, aber ich bin noch total müde und will weiterschlafen, was ich auch tue und wobei ich einen wunderschönen Traum habe, aber dann zwitschert ein Vogel[40] *neben mir impertinent, ziemlich grell, und ich versuche, ihn zu vertreiben, aber es geht nicht und geht nicht, ich stehe auf und schlage um mich wie gegen Mücken, aber er fliegt nur kurz weg, kommt sofort wieder und bleibt immer ganz in der Nähe und zwitschert wie wahnsinnig neben mir, ein ganz kleines, schwarzes Vögelchen, bis ich in ein anderes Zimmer gehe und dabei hoffe, dass ich nicht den schönen Traum verliere, wache dann doch auf*[41] *und gehe zu der Gruppe von Souleyman Goro, die sich inzwischen Tee gemacht hat, deutschen Kräutertee, was mir etwas peinlich ist; ich entschuldige mich, dass ich mich nicht um meine Gastgeberpflichten gekümmert habe, und die Deutschen wollen dauernd mit mir über irgendwelche Projekte reden, worauf ich keinen Bock habe, es ist mir völlig unklar, was Souleyman überhaupt mit der ganzen Aktion will, ich stelle aber fest, dass er fließend Deutsch spricht, und*

40 Ein typischer Morgentraum: mein Bett auf dem Dach meines Hauses in Mali stand direkt neben einem Baumwipfel, in dem viele Vögel nisteten. Für mich ein Beispiel dafür, dass es keinen Vorrang von somatischen oder psychischen Impulsen gibt: sie halten sich die Waage, das macht den Charakter des Traums aus.

41 »Traum als Aufwachverhinderer« ist ein besonders gutes Beispiel, wie Realität in Kunst verwandelt wird. Ein belästigender Vogel, der sogar direkt weckt, aber eben nur im Traum.

mir fällt ein, dass er ja jahrelang in Deutschland gelebt hat[42]*, da fängt eine Frau an, mich zu interviewen, irgendwelche Projekte betreffend, dass ich das vielleicht machen sollte, um dadurch ein wenig zu Kohle zu kommen, aber dann will die Gruppe der Leute um Souleyman mal los, und ich schlage vor, dass ich vorher noch etwas zu essen besorgen könnte, was angenommen wird, aber als ich zum Fenster rausschaue, stelle ich fest, dass heute alles wahnsinnig klar ist, man so weit sehen kann wie noch nie und man vor allem die in großer Entfernung liegenden Berge so gut sehen kann, Wüstenberge vom Ausmaß der Alpen, was mir vorher noch nie aufgefallen ist, schwarz gesprenkelte braunweiße Berge, links hinten sogar Kamele, die bei genauerem Hinsehen allerdings Pferde sind, alles schön, unglaublich klar, unglaublich genau und weit, wie ich es noch nie gesehen habe, in wunderschönem Braun und Beige vom Wüstensand, und ich sage den anderen, dass sie diesen Ausblick genießen sollen, weil er sonst nie so ist, absolut nie, und dann gehe ich rüber zum Haupthaus, aber als ich am Rand des Plateaus, auf dem ich mich befinde, ankomme und runtersehen kann auf die Ebene mit dem Haupthaus in der Mitte, sehe ich, dass ein Irrer, ein gefährlicher Irrer eingedrungen ist, ein Wahnsinniger, ein Besessener, der alle umbringen will und auf dem Weg zu unserem Plateau ist, vor ihm fliehen viele Kinder, er hat eine auf dem Boden sichtbare grüne Aura um sich, und es wird mir signalisiert, dass ich aufpassen soll, weil er gleich nach oben kommen wird und alle umbringen will, er ist wie ein Indianer verkleidet, hat einen Speer, ist also tatsächlich gefährlich, könnte durchaus alle umbringen und kann nicht aufhören, bevor alle tot sind – ich renne wie ein Wahnsinniger zurück zu dem Haus, in dem Souleyman und die ganzen Besucher sind, finde es aber erst nicht, es ist viel weiter weg als auf dem Hinweg, wahnsinnig weit weg, kaum zu sehen, so weit und verstaubt, im Dunst kaum zu erkennen, komme aber trotzdem an, und da ist der Typ schon da, weshalb ich ihn umbringen muss, wenn kein Unglück geschehen soll: ich greife ihn an, bringe ihn zum Stürzen und springe in hohem Bogen auf seinen Kopf, den ich dadurch zermatsche, zermalme, zerstampfe, was die einzige Möglichkeit ist, ihn wirklich zu töten, und zwar so, dass er nicht auch noch halb tot weitermacht –*

42 Was er nie hat; aber anstatt mich zu freuen, dass es im Traum keine Sprachbarrieren gibt, die babylonische Sprachverwirrung aufgehoben ist, bastle ich mithilfe des Werkmeisters Vermischung eine »logische« Erklärung, indem ich den malischen Freund mit einem syrischen vermische, der tatsächlich lange in Deutschland gelebt hat.

– natürlich sagen Träume ›uns‹ etwas: aber eben nicht mit Worten, das macht ihre besondere Eigenart aus. Sie sind allein nur als das zu nehmen, was sie sind. Wer im Traum jemanden ermordet, selbst aus Notwehr, ist ein Mörder. Bedeutung ist der Versuch, sich aus dieser Verantwortung zu stehlen: der Mord sei nur ein Symbol für Trennung oder ähnliches – nein: Mord ist Mord, und man hat in der Traumrealität wirklich gemordet.

Da aber alle schon im Traum gemordet haben, sagt das allein, dass wir in einer Mördergesellschaft leben, morden, um zu überleben. Damit wir nicht blindwütig morden, wann immer es sich anbietet, töten wir im Traum, sozusagen als sozialhygienische Funktion: weil wir es im Traum ›real‹ gemacht haben, sparen wir uns das in der hiesigen Wirklichkeit.

Natürlich zeigt das, dass der Träumer gerne jemanden umbringen würde, wobei der Traum gnädigerweise verschweigt, wen, und dafür eine auswechselbare andere Person vorschiebt, aber gleichzeitig verhindert der Traum den Mord im wachen Leben, weil er schon ›traumreal‹ stattgefunden hat.

Das ist des Traums gesellschaftliche Bedeutung und Funktion wie beim Kunstwerk: er macht die Ausführung überflüssig. Daher kommt die große Nachfrage nach Horrorfilmen: Sie ist ein Ausdruck davon, wie groß das vorhandene Bedürfnis zu quälen ist.

Dieses Morden als individuelles Symbol für eine einzelne Beziehung zu sehen, ist Einengung, verschließt die Augen vor der gesellschaftlichen Realität. Träume in Worte, Begriffe, Abstraktionen, Interpretationen zu verwandeln, nimmt ihnen ihre Eigenart. Träume sind als Kunstwerke genauso Spiegel der Gesellschaft wie Spiegel des Träumenden. Das beantwortet die Frage nach dem, was Träume sagen: ›so sieht die Gesellschaft aus, in der du lebst, so funktioniert sie, so geht sie mit den Menschen um –‹ und so weiter.

Der Traum hat keine Bedeutung, aber der Mensch hat das Bedürfnis, ihm eine zu geben. In einem universellen Kunstwerk wie dem Traum Bedeutung zu suchen oder ihm diese zu geben, ist aber letztlich Größenwahn, dazu müsste man Träume überhaupt erstmal begreifen.[43] Analog

43 So etwas konnte sich allenfalls ein Sigmund Freud leisten, aber auch der blieb seiner Zeit verhaftet.

ist Bedeutungssuche eine Funktionalisierung des Traums – man kann die Darstellung des Kunstwerks, das der Traum schafft, nur, wie jedes Kunstwerk, interpretieren, gut oder schlecht, schön oder unangenehm finden – das ist aber nicht die Bedeutung des Traums.

Kunst im herrschenden Sinne bringt Ordnung in das Chaos, Struktur, Sinn, Bedeutung, gibt Geschichten Anfang, Mitte und Ende – dabei ist es Aufgabe der Kunst, Chaos in die Ordnung zu bringen: wie das Kunstwerk Traum es tut.

Der Traum deutet nicht die Verhältnisse, er stellt sie dar. Diese Darstellung kann helfen, die Verhältnisse zu erkennen, nicht zu deuten – wie jedes wirkliche Kunstwerk das tut.

Insofern bin ich für jeden Traum wie den obigen dankbar – denke aber nicht weiter über das nach, was ich schon wusste. Was ich nicht wusste und deshalb viel spannender an diesem Traum finde, ist, dass es in Mali Alpen gibt, alle Menschen eine Sprache sprechen und in der malischen Wüste Indianer leben: das ist die Kunst der Verdichtung und Vermischung als Vorschau auf die Utopie. In der es gemeingefährliche Irre geben kann, die sogar in Notwehr getötet werden können – aber keine Auseinandersetzungen, in denen Menschen aus Gründen der Bereicherung oder Machtbesessenheit getötet werden, dies gar affirmativ dargestellt wird.

Je mehr man sich an einen Traum erinnert, desto weiter rückt er weg. Je mehr Bild und Bedeutung im Hinblick auf die Empfindung auseinanderfallen, desto mehr kommt der Traum zu sich selbst: die klarsten, eindeutigsten, stärksten Empfindungen hat man bei den unklarsten, unsinnigsten, keinerlei referierbare Handlung beinhaltenden Träumen –

wie sehr der psychoanalytische Zugang zum Traum von dem jeweiligen Zeitgeist geprägt ist, zeigt das Verhältnis zur Sexualität:
– sage und verbinde das mit Andeutungen, dass ich ja schon immer gerne mit ihr geschlafen hätte, was sie zu überraschen scheint, als hätte sie nur darauf gewartet, sie klagt im Gegenteil über meine Ablehnung und dass ich nur von meiner Mutter geredet, mich nur um sie gekümmert hätte, und jetzt will sie sofort mit mir schlafen, wir stehen auf der Straße, aber eine erhöhte Palette mit Decken eines Obdachlosen ist neben uns, rechts oben immer noch der an dem Platz schwebende Zug, und sie zieht mich

unter die Decke und nimmt meinen Penis, da kommt einer vorbei und rotzt auf sie, was sie aber nur wegwischt und wonach sie weiter meinen Penis, der hochsteht und dessen Eichel glänzt, lutscht, heftig erregend, ich beuge mich über ihre Schamlippen, die glänzend aufperlen, und der Typ setzt sich auf den Boden und wichst, ich streichle ihre blühende Vulva, alles pulst –

– alles ist voller Sexualität in den Träumen, wie man von Freud gelernt hat – was Anfang des 20. Jahrhunderts aber noch gefunden und durchgesetzt werden musste. Dort sind Schlangen Phallussymbole, Landkarten Vulvasymbole. Damals durfte man über so etwas nicht reden, also musste man, wie Freud erklärt, im Traum Symbole dafür finden.

Heute – und schon länger – gehört es im Gegenteil zum guten Ton, ›ganz offen über alles zu reden‹, es möglichst wörtlich auszusprechen, mit vulgären Ausdrücken keine Probleme zu haben, ja, man ist sogar verklemmt, wenn man das alles nicht macht: Also träume ich Ende des 20. Jahrhunderts von erigierten Phalli und detaillierten Vulven.

Und jetzt kommt die Frage: Wenn alles im Traum Symbol für etwas anderes ist, und nach Freud sogar nur für Sexuelles, für was ist dann, um Himmels willen, die Vulva/der Phallus ein Symbol? Will ich in Wirklichkeit eine Landkarte studieren, wenn ich eine Vulva im Traum sehe, weil, nach Freud, eine Landkarte Symbol für eine Vulva ist?

Nicht, ob etwas zum Beispiel als Phallussymbol verstanden werden kann, ist die Frage, sondern, welche künstlerische Ausdrucksform es gefunden hat, *wie* der Traumkünstler die Symbole gestaltet, welche Form die Ersatzphalli und Ersatzvulven haben, die Türme, die Spalten und die Landkarten.

Was sagt es mir, wenn eine tiefe, saugende Schlucht eine Vulva symbolisiert? Was sagt es mir mehr als dieses Bild selbst und die durch dieses Bild ausgelöste oder die durch dieses Bild dargestellte Empfindung?

Die Tatsache, dass die Sexualität der Inbegriff der Verbindung von somatischen und psychischen Impulsen ist, deutet darauf hin, dass die Sexualität des Menschen der Ursprung und die ständige Quelle des Traums sein könnte. So weit drückt sich Sexualität im Traum aus, der Kunst ist und zur Utopie führen kann: Utopisch herrschaftsfreie Verhältnisse kann es nur bei einer herrschaftsfreien Sexualität geben, was das wohl größte Hindernis auf dem Weg zu ihrer Verwirklichung ist.

Menschen, die sich von der Deutung befreien und den Traum nehmen, wie er ist, bekommen dann freilich so viel von ihm, dass sie süchtig danach werden können –

Traum ist eine Droge:
– und ich gehe raus, zu dem Fluss, der hohes Ufer hat, ich will rüber, und allein durch die Einstellung der Optik schaffe ich es, abzuheben und zu fliegen, schwebe erstmal hoch über dem Fluss und seinen schönen felsig-erdigen Ufern, fliege dann in einem weiten Bogen wieder zurück und weiß, dass ich entweder auf Trip bin oder es träume, jedenfalls kann ich steuern, was ich sehe, wodurch die Landschaft immer schöner wird, absolut wunderbar, und ich weiß, dass es die Zukunft ist, die ich unter mir sehe, einzelne verschiedenartige Gebäude in grün-brauner, hügeliger Landschaft, Funkmasten zur Kommunikation, und es ist so großartig schön, so überwältigend, dass ich das Glücksgefühl nicht mehr ertrage, nicht mehr aushalte und im Dunkeln aufwache, nur ein paar Jalousienstreifen Licht sehe, wahrscheinlich liege ich im Graben neben der Straße –
– wenn man im Traum fliegen kann, ist das Entscheidende, dass man dabei zu sich sagt: ›Siehste, es geht eben doch!‹ Die Erinnerung an ein derart heftiges Glücksgefühl, seine Nachempfindung und Verlängerung im Bewusstsein, kann süchtig machen.

Mit den Träumen verhält es sich wie mit dem Rausch: ernst genommen und richtig angewandt, erhöht das Träumen die Lebensqualität des Einzelnen und potenziell sogar aller.

Aber nicht nur die Erinnerung an einen schönen Traum macht gute Laune. Wenn ich mich an meine Träume erinnern kann, habe ich grundsätzlich gute Laune, immer –

»Kräfte des Rausches für die Revolution nutzbar machen«[44]
– auf einem Berg lebe ich schon lange in einem Haus mit großem, baumbestandenem Garten, in dem ein lokomotivenartiges Gefährt steht, auf das ich mich mit zwei anderen setze und das plötzlich zu fahren beginnt, obwohl es immer fest stand, und es schneidet in den Rasen so tiefe Furchen,

44 Benjamin, Walter: »Der Sürrealismus. Die letzte Momentaufnahme der europäischen Intelligenz«. In: Tiedemann, Rolf; Schweppenhäuser, Hermann (Hrsg.): »Gesammelte Schriften« Bd. II.1. Frankfurt a. M.: Suhrkamp, ohne Jahresangabe, S. 71.

dass der darunterliegende Hohlraum einer alten Burg aufgebrochen wird; wir sind überrascht und fahren gebannt eine reine exakt ovale Linie, innerhalb jener, je mehr freigeschnitten wird, alles zusammenbricht – darunter zeigen sich Trümmerkeller wie von Nachkriegsruinen –, so dass wir abspringen müssen, weil es gefährlich wird; wir sind froh, dass wir in all den Jahren auf der Wiese nicht eingebrochen sind –

– der Schauder, den dieser Traum erzeugt, bewusst im Alltag gespürt, erzeugt nicht nur das Gefühl der Unverletzlichkeit, sondern auch die Sucht nach mehr, wie Kunst ebenfalls süchtig machen kann. Allein schon die geniale Vermischung des Werkmeisters von Kindheitserinnerung an Kriegsruinen, mit Jim Knopfs Lokomotive zu goutieren, verstärkt die Freude, es kann die Erinnerung an jeden Traum sein, Hauptsache Erinnerung –

– *Souleyman und ich wollen einen Alarmvogel bei der INA installieren, aber bei all den bürokratischen Formulierungen ist unklar, wie man das machen soll –*

– allein die Frage, was ein »Alarmvogel« wohl sein mag, kann jede noch so unbequeme Situation versüßen. Und dann auch noch der unsägliche Bürokratiekram – allein dieses Beispiel zeigt, was für ein seelischer Jungbrunnen Träume sind. Der Traum ist das ewige Leben der Kinderseele.

Das Wasser aus diesem Jungbrunnen wirkt wie eine Droge, aber auch hier gilt, was für die Kunst gilt: Erst war der Traum, dann kam die Droge, es muss also heißen: Drogen wirken wie Träume.

Ihre Wirkung spielt sich im Übergang vom Tag- zum Nachttraum. Drogen öffnen die Augen: »Die Welt insgesamt ist so künstlich, wie sie nicht sein darf. Das spricht die Inspiration der Kunst und des Rauschs aus.«[45]

Und des Traums, muss man hinzufügen.

Dieses trifft in allererster Linie auf LSD und Cannabis zu, aber auch auf Opium und Heroin, deren Wirkungen ja auch als ›künstliche Träume‹ bezeichnet werden. Die Psychoaktivität des Traums und von Cannabis liegt so nahe beieinander, dass sie Konkurrenten sind: Der Haschischraucher kann sich sehr wohl daran erinnern, dass er geträumt hat, aber nicht daran, was. Der Traumrauschzustand und der Cannabisrauschzustand

45 Benjamin, Walter: »Über Haschisch«. Frankfurt a. M.: Suhrkamp, 2000, S. 22.

sind so eng verwandt, dass der bewusst erlebte Cannabiszustand den unbewussten des Traums dominiert; erst nach einigen Nächten setzt das gewohnte Träumen wieder ein. Ich kenne keinen Haschischraucher, der sich an seine Träume erinnern kann, wenn er abends geraucht hat, aber einige, die deshalb darauf verzichten, es zu sich zu nehmen. Konsequent zu Ende gedacht, hieße das: Träumen könnte die genialste Anti-Drogen-Therapie sein, die es gibt, wenn man sich bedingungslos auf seine Träume einließe. Wenn psychoaktive Substanzen wie Haschisch oder LSD wie Träume wirken und Träume identitätsstärkend wirken, wirken auch diese Substanzen identitätsfördernd.

Die therapeutische Funktion von LSD, das ja als Medikament gegen Psychosen erfunden wurde, basiert auf diesem Zusammenhang. Halluzinationen sind der Schnittpunkt zwischen Unbewusstem und Bewusstem, deren Verbindung, deren beide gleichermaßen beflügelnde Symbiose. In der Halluzination sind das Bewusste und das Unbewusste jeweils zur Hälfte vertreten, beide gleich stark. In der Traumaufzeichnung kommt das Unbewusste so stark wie möglich zum Vorschein, das Bewusste nur, soweit es sich nicht verhindern lässt. Beim Tagtraum verhält es sich umgekehrt, da tritt das Bewusste so stark wie möglich in Erscheinung und das Unbewusste nur, soweit es sich nicht verhindern lässt. In der Halluzination wie im Traum erscheinen beide gleichgewichtig zusammen –

den Traum steuern zu können, ist ein alter Traum:

– aber mir bleibt nichts anderes übrig, als in die Stadt zu gehen, die ganz sauber ist und in der nur wenige Menschen zu sehen sind, die aber fantastische Häuser hat, eines schöner als das andere, mit Türmchen und Erkern, und vielen kleinen hell-dunkel kontrastiert verzierten Fenstern, und ich weiß, dass nach der nächsten Ecke sie noch schöner werden, ich bin so real in der Wirklichkeit, dass ich mich zwicken kann und meinen Atem spüre, und weiß doch, dass es ein Traum ist, den ich steuern kann, und wo ich mich nur kurz konzentrieren muss, um aufzuwachen, wenn es mir nicht mehr passen sollte, aber das will ich gar nicht, weil es immer spannender wird, mit diesen fliehenden Menschen, die irgendetwas suchen, entweder in diesen Massen von Autos sitzen oder in Gruppen unterwegs sind, ich kann auch machen, dass nach der nächsten Ecke noch schönere

Häuser kommen werden, wie gemalt, verzaubert oder aus Gummi, was aber nach der wiederum nächsten Ecke erstmal überhaupt nicht der Fall ist, einfache, gleichförmige Holzleistenkonstruktionen kommen, was mich ziemlich ärgert, weswegen ich mich ganz heftig darauf konzentriere und will, dass nach der nächsten Ecke wieder die fantastischen Häuser kommen, und tatsächlich: gigantische Bauten in dunklem, asymmetrisch ausgeschwungenem Zuckerbäckerstil, moderner, geradezu post-postmoderner Art mit Ausbuchtungen und glänzenden Beulen, alles ganz sauber und mit vielen kleinen Fensterchen –

– aber er ergibt keinen Sinn.

Man kann sich das Träumen durchaus bis zu einem gewissen Grad beibringen, und damit vorhandene eigene Sichtweisen verstärken. Dabei ist es irrelevant, inwieweit was bewusster Willensakt ist, oder wie man was genau beeinflusst und verstärkt. Sicherlich beeinflussen sich das Bewusste und das Unbewusste gegenseitig.

Man kann sehr wohl das Träumen willentlich beeinflussen. Es ist aber die gleiche Funktionalisierung und Reduzierung des Traums auf einen winzigen Aspekt seiner gesamten Wucht wie seine Reduzierung darauf, Material zur Bedeutungsfindung zu sein. Der Grad der Beeinflussbarkeit der Träume richtet sich nach dem Grad der Tiefe des Schlafes – je leichter, desto beeinflussbarer. Gerade über der Grenze zum Schlaf ist der Idealzustand, in dem man pure, im Moment des Träumens lenkbare, Wunschträume träumen kann.

Trotzdem ist es unsinnig, vergleichbar mit ›Traumfängern‹, weil es genau das ausschlägt, was der Traum bietet: Reisen in unbekannte Gefilde – stattdessen bleibt es beim Altbekannten, neu aufgewärmt.

Dieses Streben nach Kontrolle und Beherrschung des Unbewussten ist offenbar ein solch tiefgehender Wunsch, ein derart existentielles Bedürfnis, dass es sogar Hardcore-Esoteriker mit ihren größten Konkurrenten, den Naturwissenschaftlern, eint: »die Beibehaltung der Kontinuität des Ich-Bewusstseins«, die von »naturwissenschaftlichen Vorstellungen« nach diesen Thesen verhindert wird, sei das Ziel.[46]

Dabei ist der umgekehrte Weg der viel spannendere: Der Übergang zum Traum, die ersten Vorboten des Traums in Form von zusammenhanglos

46 Zurfluh, Werner: »Quellen der Nacht«. Interlaken: Ansata Verlag, 1987, Umschlag.

scheinenden Gedanken, die Lehrlinge der Werkmeister Verdichten und Verschieben, die Tagesreste oder Uralt-Impulse ins Spiel bringen, ihnen zu folgen, sie anzunehmen, führt in neue Dimensionen, nicht, sie zu beherrschen.

Träume sind schwierig festzuhalten, der umgekehrte Weg ist auch der sinnvollere: vom gesteuerten Denken zur vom Unbewussten gesteuerten Erfahrung.

Aber auch die esoterische Haltung entspricht der des psychoanalytischen Zugangs: mit dem Bewussten das Unbewusste zügeln, lenken, beherrschen.

Der Wunsch nach luzidem Träumen ist Ausdruck des Wunsches, sich mittels Analyse über das Unbewusste zu stellen.

Das sei natürlich jedem und jeder unbenommen: Man bringt sich mit diesen Haltungen jedoch um die Früchte der eigenen unbewussten Arbeit. Diese Arbeit hat aber, seit Freud evident, gute Gründe, im Unbewussten zu geschehen, also sollte man die Träume tunlichst dort auch in Ruhe ihr Werk verrichten lassen. Träume lenken zu wollen, heißt, die Ernte unbewusst gereifter Früchte auf den Müllhaufen zu werfen.

Dabei könnte der Traum ein Wegweiser sein, wenn nicht sogar eine Schatzkarte. Das betrifft vor allem die Rolle und Funktion des Denkens beim Traum. Wenn Freud davon spricht, dass das Träumen »nur eine Form des Denkens ist«[47], übersieht er die gegenseitige Bedingtheit des Bewussten und des Unbewussten.

Das Denken tritt erst bei der Traumerinnerung in Kraft. Allein die Unterscheidung zwischen »blödsinnigen« und »tiefsinnigen und feinsinnigen«[48] Träumen ist unsinnig – eine Unterschiedlichkeit besteht allenfalls im Bereich der stärkeren oder schwächeren Sinnlichkeit. Immer wieder: nicht die Handlung des Traums ist entscheidend, sondern seine Stimmung. Und die »blödsinnigen«, also absurden, unverständlich scheinenden Träume sind, analog zum Albtraum, die viel interessanteren, spannenderen, und – elementar wichtig: – in der Erzeugung einer Stimmung wirksameren, gerade, weil nicht begriffen und nicht begreifbar. Vor allem aber sind sie die künstlerisch wesentlich wertvolleren,

47 Freud, Sigmund: »Die Traumdeutung«, S. 79.
48 Derselbe, S. 78.

diese meist tief in der Nacht geträumten und nur vereinzelt erinnerten, künstlerisch reichhaltigeren Träume, als die logisch nachvollziehbaren und mit den Mitteln des Denkens analysierbaren.

Künstlerisch sind sie, als die am weitesten entwickelten, das Ziel und der Maßstab, an dem – natürlich unbewusst – ein Kafka und ein Beckett ihre Kunst ausrichteten –

an ihnen wird deutlich, dass Bilder und Situationen im Traum austauschbar sind:
– an drei Ecken der Burg spielen Bands, schräge Free-Jazzer oder atonale Freaks; ich komme gerade zur dritten, wo einer beginnt zu tröten, um die anderen damit zu übertönen, unten am Hang sammeln sich die Leute, viele Kinder, ritualhaftes Zucken und Tanzen (die Straße, von der aus ich in das moderne Industriegelände mit der Druckerei ging, beziehungsweise die Druckmaschine, die so lang war und nur hinten oben in der flachen Ausbuchtung, und wo es so schwierig war, wieder rauszukommen, die enge Wendeltreppe, dann der Pförtner) –
– die in Klammern gesetzte Erinnerung an das »Industriegelände mit der Druckerei« in einem alten Traum wurde durch die Erinnerung »ritualhaftes Zucken und Tanzen« im neuen Traum ausgelöst. Als Erklärung dafür drängt sich auf, dass es sich um eine gleichartige im Traum erscheinende Empfindung handelt, eine genau gleiche Stimmung, die sich aber in verschiedenen Situationen und Bildern ausdrückt. Vergleichbar mit der guten Laune, die man bekommt, wenn man etwas Leckeres trinkt, egal, ob es sich um Zitronensaft, Ingwersirup oder Kaffee handelt. Zucken und Drucken könnte als rein lautlich verwandte Assoziation auf etwas dahinterliegendes Rhythmisches schließen lassen – so verschieden sind nicht nur die Träume verschiedener Menschen zum gleichen Thema, sondern auch die eigenen zum gleichen Thema.

Daraus lässt sich aber schließen, dass man aus dem Zitronensafttraum nicht unbedingt auf Vitaminmangel und vom Kaffeetraum nicht unbedingt auf Müdigkeit schließen kann, ganz gleich, was Esoteriker oder Psychoanalytiker daraus an analytischen Schlüssen ziehen mögen. Das Augenmerk auf die Stimmung des Traums zu richten, ist der Unterschied in der beziehungsweise die Ergänzung zu der Betrachtungsweise, ausschließlich Bedeutung im Traum zu suchen.

Wenn man während des Traums eine Erektion hat, erzeugt das in den wenigsten Fällen erotische Bilder oder Szenen, und meist sind solche wiederum nicht von Erektionen begleitet. Deutlicher kann die Nicht-Identität von Bild und Stimmung nicht zum Ausdruck kommen.

Diese Sichtweise gibt dem Traum seine Authentizität und Würde zurück, die ihm durch die Reduzierung genommen wird, nur Steinbruch zu sein, der Material für Bedeutungssuche liefert.

Schichten des Unbewussten: Es kann passieren, dass einem während einer Erinnerung an einen Traum der letzten Nacht, ein Traum von vor Jahren einfällt, exakt in Details, nebst der Ungewissheit, ob er damals überhaupt erinnert wurde; er ist so präsent, als wäre er in der letzten Nacht geträumt worden, und drückte damit vor Jahren dasselbe Gefühl, dieselbe Stimmung aus wie die in der Nacht zuvor erfahrene: nur mit völlig anderen Bildern. Weil einem tatsächlich Monate später Träume einfallen, die man am Morgen, nachdem sie geträumt worden waren, bereits vergessen hatte, und die plötzlich bis in die Details in derselben Intensität der Stimmung präsent sind, kann man wahrscheinlich davon ausgehen, dass alle Träume gespeichert bleiben – auch wenn man sich nur an die wenigsten erinnern kann. Träume, an die man sich beim Aufschreiben von Träumen erinnert, können sogar welche sein, die man bis dahin nie zuvor erinnert hatte.

Aus den Bildern Rückschlüsse zu ziehen, kann also zu keiner verbindlichen analytischen Zuordnung führen. Wenn einer im Traum seinen Geldbeutel verliert, kann das Angst vor Verlust des Geldbeutels ausdrücken, die sich als unangenehmes Gefühl äußert. Derselbe Vorgang könnte aber auch eine Stimmung fröhlicher Unbeschwertheit erzeugen und damit die Sehnsucht des Träumenden nach einer Gesellschaft, in der Geld keine Rolle spielt, ausdrücken.

Jedes Remake sieht anders aus als das Original, die Bilder sagen mehr über den Regisseur; seine Bildwahl zu deuten sagt weniger über die Bedeutung des Films beziehungsweise über den Regisseur des Remakes als über den Deuter. Schlüsse, die man aus den Bildern eines Traums zieht, sagen weniger über seinen Inhalt, was er bedeuten könnte, sondern sind eher als Projektionen auf den Traum zu verstehen.

Jede Beschränkung auf ein Bild, ein Symbol, eine Metapher engt ein, erzeugt eine Schublade – nur die durch alle Darstellungselemente eines

Traums zusammen erzeugte Stimmung gibt eine Vorstellung von der Empfindung, der sozialen Situation oder der psychischen Befindlichkeit, die damit dargestellt wird. Gegensätzliche Situationen, Bilder oder Formulierungen können gleiche Empfindungen hervorrufen.

Und: Was für Empfindungen durch Situationen in Träumen erzeugt werden, ist nicht identisch mit den Empfindungen, die durch die gleichen Situationen im Wachen erzeugt werden. Selbst unangenehme Erlebnisse können im Traum durchaus eine angenehme Empfindung erzeugen beziehungsweise hinterlassen. Das ist das Problem einer Analyse, die Bilder oder Ereignisse mit Interpretationen verknüpft, die ihnen im Wachzustand zugeordnet werden.

Deshalb gibt es für dieselbe Empfindung verschiedene Bilder, Träume, Kunstwerke, völlig verschiedene Geschichten, die dasselbe ausdrücken. Gleiche Gefühle können unterschiedliche Gedanken, Reaktionen oder Bilder erzeugen, abhängig vom Zusammenhang, dem Vorhergegangenen oder von unbewussten Einflüssen, deren Herkunft nicht verfolgt werden kann.

Freud weist immer wieder auf die Bedeutung der Intuition bei der Traumdeutung hin, und auch wenn er sie dem Bewussten unterordnet, besteht er doch eindeutig auf die unverzichtbare Notwendigkeit der Intuition.[49]

Wenn man herausfinden könnte, wo der gemeinsame Nenner liegt, der dafür verantwortlich ist, dass wir uns in einem Traum an einen anderen erinnern, käme man einem möglichen Auslöser näher, was freilich immer noch nichts über eine oder die ›Bedeutung‹ des Traums aussagte. Wenn einem zum Beispiel beim Briefeschreiben, völlig disparat und unpassend Traumerinnerungen kommen von Träumen, von denen man glaubt, sie in diesem Moment zum ersten Mal wach zu erinnern, die man also am Morgen danach vergessen hatte, heißt das, dass Ursache und Wirkung, Impuls und Situation, Problem und Symbol für die Gestaltung des Traums eben nicht (psycho-)logisch oder gar -analytisch rekonstruiert werden können, weil ja genau *kein* irgendwie gearteter logischer Zusammenhang besteht.

49 Freud, Sigmund: »Die Traumdeutung«. Kapitel »Die Methode der Traumdeutung«, S. 110 f.

Gerade wenn Intuition und Spontaneität – also Unbewusstes – dabei helfen, kann man davon ausgehen, dass das Ergebnis der Interpretation in die falsche Richtung weist, da die Suche als gewollter Akt von auch unbekannten unbewussten Interessen gesteuert sein kann, die mehr mit der aktuellen Befindlichkeit des Träumers als mit der dem Traum unterstellten zu tun haben. Gerade, dass es eine ungewollte, zufällige, im Moment vielleicht sogar gar nicht passende Erinnerung ist, deutet darauf, dass sie identisch mit der Traumempfindung ist, die man gerade erinnert. Gleich und gleich gesellt sich gern: gerade beim Denken an neue Träume fallen einem alte ein.

Die Austauschbarkeit der Bebilderung – ebenfalls der Situations- und Geschehnisbilder – wird auch daran deutlich, dass ein Traum, der einen an etwas Reales zu erinnern scheint, leichter vergessen ist als andere Träume, weil er sofort von dem überlagert wird, an das er erinnert, vor allem, wenn es sich bei dem erinnerten alten Traum sich um etwas äußerlich nicht Vergleichbares handelt.

Wissenschaftler wie Esoteriker bewerten nur jeweils die gegensätzliche Seite der Dualität Bewusstes versus Unbewusstes höher als die jeweils anderen, Dominanz des Bewussten blockiert aber die Entfaltung des notwendigen Gleichgewichts beider in gleichem Maß wie Dominanz des Unbewussten – die Kunst wäre, beides gleichwertig zur Entfaltung kommen zu lassen: das ist es, was die Kunst im Gegensatz zur Wissenschaft oder Religion[50] tut.

Die größte Falle, in die Wissenschaftler wie Esoteriker dabei tappen, ist die Überbewertung des Optischen, eine der hartnäckigsten Zivilisationskrankheiten der Neuzeit. Verstärkt durch das Aufkommen des Films beziehungsweise später des Fernsehens und Videos, funktioniert die Verherrlichung des visuellen Objekts vor allem als Marketingfunktion und schafft es, dass Menschen Äpfel kaufen und essen, die zwar nach nichts schmecken, aber gut aussehen.

Ähnlich geht es der psychoanalytischen Traumdeutung: dass viereckige Gesichter der Eltern auf ein Problem mit den Eltern hinweisen, klingt einleuchtend, sagt aber nichts Neues. Dass die Kleinfamilie nicht unbedingt der Höhe- und Endpunkt des menschlichen sozialen

50 Darin eingeschlossen Esoterik, Spiritualismus, Mystik etc.

Zusammenlebens und der Organisation der Sexualität darin ist, gilt als allgemein bekannt. Also ist es naheliegend, dass es darin Probleme geben kann, deswegen ist an diesem Traum seine künstlerische Darstellung interessant, die als solche automatisch produktiv ist, weil sie zum Weiterdenken anregt. Dieser gesamte Vorgang, also der Traum selbst wie das Mitnehmen seiner Stimmung in den Tag, ist es, der das Verhältnis der Träumerin zu ihren Eltern verbessern kann. Aus dem Bild der viereckigen Köpfe selbst Schlüsse zu ziehen oder gar therapeutische Erklärungen abzuleiten, führt hingegen nicht weit.

Man kann das Gefühl eines aufregenden Traums haben – aber als Handlung nur über die Straße gehen. Deshalb kann man ›über die Straße gehen‹ nicht als Traumsymbol bewerten, das zeigt, dass überall Gefahr lauert oder erotische Überraschungen.

Traum ist eine eigene Sprache, die man wörtlich nehmen muss, das Bildliche ist nur Anker, nicht Ausdruck der Erinnerung. Man kann in Bildern träumen, aber ohne Sätze, genauso wie in Sätzen, aber ohne Bilder. Man kann sehen, ohne zu hören, und hören, ohne zu sehen.

Was der Traum widerspiegelt, drückt sich in seiner Stimmung aus, nur bedingt in seinen Bildern. Bilder können irreführen, was die Interpretation betrifft.

Manchmal ist in der Traumerinnerung das Bild deutlich zu sehen, oft sogar die Handlung – und doch fehlt die Hauptsache, die Empfindung des Traums, seine Stimmung. Diese Überbewertung des Bildes – das ja in der Kunst wie im Traum nur ein Bild für ein Bild darstellt –

führt zu einer fatalen Überbewertung des Films als mit dem Traum vergleichbares Medium:

– ich kann in Südfrankreich bei einem Paar in dessen Ferienhaus übernachten, wo gerade ein Thriller im Fernsehen angeschaut wird, in dem Menschen von einem fremden Stern eine Fabrik nur durch ihre Ausstrahlung zerstören; sie gehen fast in Zeitlupe durch zwei rechtwinklig aufeinander zulaufende Gänge und um sie herum zerfallen die Maschinen und die Menschen werden getötet; es ist ziemlich grauslig und unheimlich, aber das Paar ist von der Filmbranche, und man betrachtet das nüchtern, und als ich am nächsten Abend noch mal dort übernachte, bringe ich gleich meine Decke mit, und die Hausherrin erklärt mir, dass sie vor allem Drehbuchautorin

sei; sie ist sehr zurückhaltend, geradezu vorsichtig mir gegenüber, und ich frage sie auch ganz direkt, wie sie das mit der Korruption im Drehbuchgeschäft sieht, wozu sie nur müde abwinkt, aber dann führe ich selbst mit den Leuten diese gigantische Zerstörungsaktion durch Ausstrahlung in der Realität durch, wir wandern durch diese beiden Gänge, wir sind unantastbar, alles ist uns gegenüber gelähmt, ich öffne einen Kasten mit einer komplizierten Feinmechanik-Zahnradkonstruktion, die ein zentrales Element der Fabrik ist, und unter meinen Blick zerfallen die Zahnräder zu Staub, es bleiben nur noch runde Scheiben mit Löchern, was mir ein befriedigtes Grunzen entlockt, aber dann wache ich langsam auf, bemerke, dass ich über einen Tisch gebeugt wohl eingeschlafen sein muss, die anderen sind schon draußen, und die Bullen bereits in der Fabrik, auch neben mir, ich sage verschlafen etwas und höre meine eigene Stimme mit Hall, woraufhin der eine Bulle sagt: »Aha, jetzt kann er ja mit seinen anderen Syrogentiern reden«, woraus ich schließe, dass er mich zu den Menschen von dem fremden Stern zählt –

– Filme sind keine nachgemachten Träume, und Filme sagen nichts aus über Träume. Allein die Tatsache, dass man überzeugend Filme im Traum kreieren kann, zeigt die Überlegenheit des Traums über seine versuchte Imitation Film, da der Traum sozusagen sein eigenes gleichzeitiges Making-off des von ihm produzierten Filmes ist. Der Traum ist immer einen Schritt voraus: seit es Filme gibt, träumt man auch Filme – besser, als sie je gemacht werden können. Filme hingegen können Träume nicht in dieser Art überzeugend darstellen, wie Träume es mit Filmen können. Keine Kunst ist so stark Kunst wie ein Traum.[51]

Etwas kann im Traum als ›Realität‹ beginnen, dann aber plötzlich auf einer Leinwand oder im Fernsehen als Film erscheinen – Vorbild für Film im Film im Film etc. Erst kommt die Emotion des Traums, dann das Denken über ihn. Und die Emotion im Traum ist immer zur Hälfte somatisch, zur anderen Hälfte psychisch. Das Denken kann zwar die Emotion beeinflussen, aber die Emotion war zuerst da, auch verkehrt Freud die Tatsachen, wenn er Träumen für »nur eine Form des Denkens«[52] hält.

Erst war der Traum da und ab dem Moment, in dem der Film kam, konnte auch er den Traum beeinflussen, brachte damit aber nur eine

51 Siehe Definition von Kunst nach Freud in diesem Buch auf S. 26.
52 Freud, Sigmund: »Die Traumdeutung«, S. 79.

weitere Dimension der Austauschbarkeit der Bildlichkeit ins Spiel. Es geht um die Stimmung des Traums, das ist es, was bleibt und in den Tag wirkt, nicht seine Bilder oder Worte, Situationen oder Sensationen, selbst Sex und Politik sind austauschbar. Selbst ›böse‹ Bilder können gute Stimmungen erzeugen – und umgekehrt.

Abgebildete Wirklichkeit im Traum als Film, Malerei, Zeichnung: hier zeigen sich die in jedem Menschen schlummernden kreativen Fähigkeiten am direktesten.

Kunst im Traum ist das Vorbild für die literarische Variante der Geschichte-in-der-Geschichte. Die künstlerisch stärksten Träume sind Träume, die im Traum an Träume erinnern: Träume, die sich in Träumen auf eine Vergangenheit beziehen, die es nie gegeben hat, die aber als erlebt erinnert wird. Wenn die Erinnerung an den einen Traum einen anderen, alten aufmacht, dieser dann oder ein Bild in ihm den nächsten und dann immer tiefer – zum Beispiel am Flussufer ein Flussufertraum nach dem anderen, kommt man kaum mehr nach.

Traum ist somatopsychisch, er besteht aus vom Körper an die Psyche gesandten Signalen beziehungsweise deren Umsetzung in Geschichten, Situationen, Bilder. Die Bilder sind das am wenigsten Aussagekräftige am Traum. Sie übersetzen Gefühlswelten, die das entscheidende Moment am Traum sind.

Allein, dass Film als Film im Traum auftauchen kann, zeigt, dass er nur ein winziger Bestandteil des Gesamtkunstwerks Traum ist. Oft ist das Kernstück eines Traumes etwas ganz anderes als das oberflächlich beziehungsweise äußerlich Handlungsbestimmende, das man wahrnehmen kann, nämlich eine Mischung von zwei Elementen, die sich nicht mehr in Worte fassen lässt.

Umso irreführender kann es werden, sich nur an das optisch Wahrnehmbare zu halten, da das womöglich in die völlig falsche Richtung führt; Gewalt im Film verharmlost immer Gewalt, weil man ja weiß, dass das Blut nur rote Farbe ist und der Tote wieder aufstand, sobald die Kamera nicht mehr lief. Gewalt im Traum dagegen wird als furchtbare Realität erlebt, als Unglück, das Leid und Trauer hervorruft –

Film ist getötetes Leben, Träume sind Multiplikation des Lebens:
– das Ganze, also die Filmproduktion, scheint von einer Gangsterbande organisiert, die damit Geld wäscht, die aber auch diesen esoterischen Edelanspruch, diese arrogante Heilslehre verkündet und umsetzen will, und es hat Krach zwischen zwei Hauptbeteiligten (an der Bande oder an den Hauptdarstellern) gegeben, weil einer von den beiden sich angeblich nicht satzungsgemäß, also an den esoterischen Verhaltensmaßregeln gemessen, verhalten hat, denn die Leute müssen alle ganz nett und ausgeglichen und ganz toll sein, sonst fliegen sie raus, was offensichtlich ziemlich verlogen ist, aber es ist eben so, weil es zur Darstellung nach außen gehört, dass alles Liebe-Friede-Eierkuchen ist, wie auch die Aufnahmen alle ganz glatt und sauber, fast glänzend, ohne ein Staubkörnchen sein sollen, in Wirklichkeit aber gar nicht sind, und wegen dieses Kraches will der eine aussteigen, was heißt, dass er seine Einlage zurückbekommen soll, wobei die Frage ist, was die eine oder andere Seite dazugeben soll, und der Oberboss, dem man ansieht, dass er ein Weißer-Kragen-Verbrecher ist, ein korpulenter, enervierter Typ, kommt, um zu vermitteln, mischt sich ein, während ein Haufen anderer Leute drumrumsteht, es ist inzwischen Nacht, er schiebt sich zwischen die Kontrahenten und fragt, »wie die Scheidung zustande gekommen« sei, weil sich daran entscheidet, wer was dazuzahlen müsse beziehungsweise, ob überhaupt, und ein anderer will beim technischen Stab mitmachen, aber da wird wohl nichts draus, er muss erst vorführen, wie er sich in der Öffentlichkeit bewegt, als Teil dieses Projekts, und das wird skeptisch gesehen, denn er ist eher schmuddelig und schäbig und nicht genügend arrogant –
– wenn alle Kunst vom Traum kommt, trifft das natürlich auch auf den Film zu. Er ist bei Weitem nicht das dem Traum am nächsten kommende Medium, da er nur auf der rein oberflächlichen, äußersten Schicht, der Bildlichkeit, mit dem Traum vergleichbar ist. In Filmsprache gesagt, gibt es im Traum keine Schnitte, nur Blenden.[53]

Umgekehrt gesagt: Schnitte im Film sind ein hilfloser Versuch, den schnellen Übergängen im Traum hinterherzukommen, etwas Adäquates zu schaffen; man ist deswegen auf Schnitte gekommen, um diesen unzusammenhängenden Abfolgen gerecht zu werden, denn das findet man nicht in der Realität, das ist kein Abbild der Realität, das hat kein

53 In Träumen gibt es nur fließende Übergänge, in Filmen werden verschiedene Szenen aneinandergehängt.

Vorbild in der Realität, sondern nur im Traum: wie anders, als durch den Traum, soll der Mensch sonst drauf gekommen sein. Genauso wie auf das Unnötige, nicht zum Überleben Notwendige, das nicht von der Realität Erzwungene (wie Stein zu schleifen, um Schmuck herstellen zu können), gar das unbekannte Ding oder die unerklärliche Handlungsweise von Menschen – was man alles nur aus dem Traum kennt, nicht aus der Realität –, und deshalb in dieser nachbildet beziehungsweise nachzubilden versucht.

Film ist erstarrter Traum – das dem Traum wesentlich näher kommende künstlerische Medium ist das Theater, konsequent weitergedacht interaktives Improvisationstheater. Und selbst ein auf eine sogenannte sinnvolle Handlung reduziertes – und allein schon durch diese Reduzierung vom lebendigen, immer im Fluss befindlichen Traumvorbild abweichendes – Theaterstück wird von jedem Regisseur anders inszeniert und in jeder Vorstellung von den Schauspielern anders gespielt und vom Publikum anders als in der vorhergehenden oder nachfolgenden Aufführung wahr- und aufgenommen.

Der Philosoph Hermann Schweppenhäuser verwendete in seinen Vorlesungen den Begriff »Theater des Traums«. Theater ist allein deshalb dem Traum viel näher als Film, weil es live stattfindet, im selben Moment, in dem es entsteht, gezeigt wird, *sich* zeigt. Träume können auch als Theatervorstellungen gesehen werden, und diese Lebendigkeit ist einer der Gründe für –

die Unmöglichkeit, Träume aufzuschreiben:
– und dann entdecken wir ein Fenster, durch das ein unfassbar schöner Blick sichtbar wird: ein verborgenes Schlosstal im Inneren des Berges, aber mit Himmel sichtbar, trotzdem außerhalb der erreichbaren Welt; der Turm, aus dem wir sehen, ist Teil einer weit verzweigten Schlossanlage mit ummauerten Wegen, kleinen Backsteinhäusern und gepflegten Gartenanlagen, zutiefst anmutig und traurig, Kinder spielen langsam tief unter uns, wir sind mindestens in zehn Metern Höhe, da nähert sich von links eine Prozession (die eine Offenbarung ist), vorne weg noch einige langgewandete Menschen, danach aber mehr und mehr Tier-Mensch-Symbiosen, zottelige Gestalten, die mit hängenden Köpfen trotten, sie machen einen gutmütigen, zutraulichen Eindruck und sind verloren, vollkommen hoffnungslos –

– »und dann entdecken wir«: was war vor »und dann« passiert? Das lässt darauf schließen, dass noch weitaus Bizarreres geträumt wird, das aber mit Worten oder Begrifflichkeiten nicht mehr ausgedrückt werden kann. Deshalb ist es unmöglich, Träume festzuhalten, gar wiederzugeben, man kann ihre Zustandsform nur erinnern, nachvollziehen oder allenfalls nachvollziehbar machen – selbst das bleibt nur eine Ahnung. Der Philosoph Rabbi Chajim Bloch sagt: Die Wahrheit ist nicht mitteilbar, weil verschlungen, in- und miteinander verbunden[54] – wie der Traum. Also ist der Traum Wahrheit, weil nicht mitteilbar beziehungsweise das Erinnerte und Mitgeteilte vom Traum nicht die ganze Wahrheit ist.

Genau genommen ist schon das In-Worte-Fassen bereits eine Fälschung des Traums. Bereits die Erinnerung beeinträchtigt die Autonomie des Traums. Egal, wie ehrlich man nach bestem Wissen und Gewissen nur das notiert, was man an der Erinnerung in Worte fassen kann – das Unbewusste sorgt mit Sicherheit dafür, dass alles, was die Grenze des sich selbst oder anderen Zumutbaren übersteigt, unter dem Mantel des Nicht-Erinnerns begraben bleibt oder verfälscht erscheint. Man kann selbst Betonungen eines Satzes fälschen. Der Traum wird im Moment des Darüber-Nachdenkens schon gefälscht.

Es gibt kaum etwas, bei dem Beschreibung und Sache mehr auseinanderfallen als bei der Traumbeschreibung, selbst wenn die Erinnerungen an Äußerlichkeiten noch so sehr stimmen. Aufgeschriebene Träume verändern ihre Form, werden plötzlich begreifbar und konkret und zugleich reduziert um viele Dimensionen, womit – sozusagen zum Trost – die Träume selbst unversehrt erhalten werden.

Der Versuchung, einem selbst unangenehmes oder einen kompromittierendes Verhalten zu fälschen, muss man widerstehen. Wenn man die sozio-psychoanalytische Betrachtung betont, ist man als Allgemeinmensch von persönlicher Unzulänglichkeit befreit.

Die Tatsache, dass man ein gigantisches Gesamtkunstwerk wie den Traum nicht in Worten oder verbalen Beschreibungen wiedergeben kann, sondern allenfalls Ahnungen davon, kann ein ungeheurer Antrieb werden, so viel wie möglich von dieser Ahnung zu erzeugen. »Je näher man ein Wort ansieht, desto ferner sieht es zurück«[55], sagt Karl Kraus,

54 Frei nach Chajim Bloch.
55 Kraus, Karl in »Die Fackel«, Heft 326, 1911, S. 4.

und das gilt genauso für den Traum. Der Traum tut sein Werk im Verborgenen. Man kann auf Schatzsuche gehen, aber dazu muss man einen Plan haben. Der Schatz ist zwar nicht zu heben, aber je näher man ihm kommt, desto stärker strahlt er aus.

Der Traum tut gut, das weiß man schon lange – aber nicht, wie, wo, womit, was die Frage aufwirft, ob man das überhaupt wissen muss, und den Verdacht bestärkt, dass, wenn man es weiß, die Gefahr besteht, dass dieses Wissen seine Wirkung zerstört.

Traumerinnerung ist Festhalten und Loswerden zugleich, je weiter hinein, desto weiter weg. Durchaus vergleichbar mit den Mühen des Sisyphos. Diese Kunst können alle, sie ist die demokratischste Kunst, die es gibt. Für einen Schriftsteller eine einzigartige Herausforderung, er muss mit Worten so viel wie möglich von einem unmöglich zu beschreibenden Gesamtkunstwerk vermitteln. Er könnte zum Beispiel ein ganz anderes Bild in der Beschreibung eines Traums verwenden als das erinnerte, wenn es für einen Leser die Empfindung des Traums besser wiedergeben würde.

Woher weiß man überhaupt, ob das, woran man sich erinnert, auch das war, was man geträumt hat? Muss man vielleicht davon ausgehen, dass die Handlungen und Bilder beim Erinnern entstehen? Dadurch können sie sich auch im Abstand zu ihnen verändern, beim Wiedererinnern können andere Handlungen und Bilder kommen als beim ersten Mal.

Träumeaufschreiben ist immer auch ihre Zerstörung – solange das Bewusste das Unbewusste dominiert. Erst wenn keine dieser beiden Ebenen die andere überflügelt, kann die Politik des Traums sich voll entfalten. Ein Weg dorthin ist die Erinnerung an Träume –

Träume aufschreiben:
– da kommt Angelika Müller auf mich zu, aufgedunsen, kaum erkennbar, ich küsse sie zart auf die Wange, aber sie schreckt zurück, scheu, als ob sie mich anstecken könnte, und während sie nach hinten geht, ihren Mantel holen, redet ein Bulle auf sie ein, sie soll Aussagen machen, aber sie will nicht, weicht aus, will weg, und er höhnt, man könne ja schon dieses Gespräch aufnehmen »gleich mit laufendem Band«, und als sie von rechts hinten mit dem Mantel zurückkommt, hypnotisiert er sie, so dass sie sich auf einen Stuhl

in der Mitte des Raumes setzt, wo sie sofort von einer holografischen Projektion umflossen wird, die der Bulle anschaltet (an einem Kasten), eine aus Lichtbündeln entstehende magische Projektion eines Strandes, der aber noch kleiner als in Wirklichkeit ist, woraufhin sie auf dessen Größe schrumpft, aber dann in den Sand, in die Erde versinkt, verschwindet, und ich schreie laut »nein«, immer wieder »nein, nein, nein« und Leute kommen, angezogen von der Magie der Szene, zurück, ich kann sie gerade noch davon abhalten, auch hineinzugeraten, bis tatsächlich Angelika auf dem Stuhl wieder auftaucht, ganz klein und leuchtend, von meinem »Nein« zurückgeholt; der Bulle ist sauer, und ich frage die Umstehenden Bestätigung heischend: »Na, und was ist das«, auf Angelika zeigend, triumphierend –

– damit der Eindruck der Träume und ihre Stimmung auch während des Tages nachwirken und man selbst davon gestärkt wird. Dies ist die wesentliche Funktion des Traumes, seine Bestimmung, die durch Aufschreiben beziehungsweise die dadurch erfolgte Intensivierung verstärkt wird. Das Ich wird durch die bewusst wahrgenommene Traumstimmung körperlich spürbar und strahlt dadurch nach außen.

Träume aufschreiben, um, als zweite Funktion, die darin erscheinenden Gesellschaftsbilder festzuhalten. Auch wenn Träume nur noch so bruchstückhaft notiert werden können, spiegeln sie doch die individuelle Version eines kollektiv Unbewussten wider, und damit sind Traumprotokolle im Gegensatz zu subjektiver, von bewussten Weltanschauungen geprägter Reflexion über gesellschaftliche Entwicklungen insoweit objektive Geschichtsschreibung, wie sie nicht von bewussten Interessen beeinflusst sind. Wenn der Mensch die Summe seiner gesellschaftlichen Umstände ist, dann sind seine Träume – weil unbewusst, nicht reflektiert – objektive Geschichtsschreibung. Weil sie unbewusst sind, stellen sie die gesellschaftlichen Umstände dar, deren Gesamtes der Mensch unbewusst ist, sind als Wiedergabe gerade von individuell ausgedrücktem kollektiven Unbewussten Ausdruck ihrer Zeit. Es ist gleichgültig, von wem die Träume sind. Das spezifisch Individuelle bei diesen Träumen ist besonderer Ausdruck eines Allgemeinen.

Die genaue Wiedergabe der Handlung von Träumen erscheint oft als Fälschung der Stimmung – insoweit es um die Wiedergabe einer Stimmung geht, könnte unter Umständen eine andere Handlung diese Stimmung für den Leser besser wiedergeben. Man kann zum Beispiel in der Beschreibung von Träumen altmodische Schreibweisen wählen, etwa ›thunlichst‹, um so einen dem Traum eigenen, aber mit der Handlung oder den Bildern nicht vermittelbaren befremdenden Eindruck zu erzeugen.

Träumeerinnern heißt, den Träumen ihren Mythos nehmen, ihre banalen Kerne ans Licht zerren. Träumeaufschreiben heißt entmystifizieren; zurück bleibt der banale Zufall willkürlicher Eindrücke und ihrer Aneinanderreihung und die Erkenntnis, wie lächerlich manche Wünsche und fixe Ideen sind.

Der Hauptgrund, warum es guttut, Träume mit ins Wache zu nehmen, indem man sie aufschreibt, ihre Stimmung verstärkt, selbst wenn sie unangenehm ist: Man kann der Wirklichkeit ein zu hundert Prozent eigenes Bild der Wirklichkeit entgegensetzen.

Wer der Unmöglichkeit, Träume festzuhalten, etwas entgegensetzen will, muss Techniken gegen den Hang der Träume, sich zu verflüchtigen, entwickeln. Unmittelbare Notizen, gerade von tiefen Nachtträumen, sind dabei unverzichtbar. Die Audiorekorderfunktion der meisten Mobiltelefone kann dabei eine große Hilfe sein, zumal sie Datum und Uhrzeit festhält.

Darauf zu achten ist auch, dass Umstände, Schreibgerät und das Material, auf das aufgezeichnet werden soll, nicht die Erinnerung an den Traum zerstören: kein grelles Licht, keine ablenkenden Beschriftungen, Weckerklingeln, Ansprache von Partner oder Kindern. Als ich mit meinen Aufzeichnungen begann, erwiesen sich ein feiner Bleistift und Briefumschläge als hilfreich, weil sich Traumnotizen auf einem Briefumschlag um die Realität – zum Beispiel Adresse – schlingend an sie heften, plötzlich angeseilt sind, nicht mehr sich entwinden können, aber gerade weil sie auf einem flüchtigen, an sich unnütz gewordenen Fetzen kleben, der selbst, wie die Träume, weit gereist ist, ihre Flatterhaftigkeit behalten. Und obwohl ich eine sehr große Handschrift habe, wollte ich sie so unbedingt wie unbewusst ganz klein aufschreiben, um sie weiter so gut es geht zu verstecken.

Für den Übergangszustand zwischen Schlafen und Wachen sollte man ein Sensorium entwickeln: vom Schlafen zum Wachen, wenn der Traum noch da ist und das einsetzende Bewusstsein verhindert, ihn festhalten; und vom Wachen zum Schlafen, wenn übermüdet völlig sinnlos scheinende Gedanken und Sätze auftauchen.

Bei der Erinnerung an Träume sollte man darauf achten, die Konzentration auf sie zu behalten und trotzdem von ihnen abgewendet zu sein, scheinbar desinteressiert zu bleiben – denn je mehr man sich auf den Traum konzentriert, umso verbissener nach ihm greifen will, desto sicherer entzieht er sich, entgleitet er in die Ferne. Um sich an Träume zu erinnern, muss man von ihnen wegsehen und sie doch dabei im Auge behalten; den bestimmten Winkel zu finden, in dem sie sich gleichsam hinter dem Rücken und doch beobachtbar darstellen, ist das Geheimnis. Man muss ihnen so viel wie möglich von dem ursprünglichen gänzlich unbeobachteten Status bewahren.

Als ich noch mit feinem Bleistift notierte – 0,3 Millimeter, so fein wie die Fäden des Traums – konnte ich oft die Worte nicht mehr entziffern: Aber gerade die schwer entzifferbaren Worte bewahren einen Traum besonders gut. Umgekehrt kann die Erinnerung an die Sache vollkommen unleserliche Krakel entzifferbar machen. In dem Moment, in dem das Wort oder der Satz einen Ausschnitt des Traums preisgibt, entfaltet sich gleich der ganze Traum mit, entbirgt sein Geheimnis komplett. Vielleicht, weil es in den einmaligen Windungen der Buchstabenstriche verschlüsselt, zeichenhaft festgehalten ist.

Als ich noch auf alte Briefumschläge schrieb, war es, als ob die Träume von außen auf sie zugeflogen kämen, von ihnen angezogen würden, sich an ihrer Flüchtigkeit labten. Traumaufzeichnen kann Erinnerungskapazitäten an andere Träume freisetzen – an die man sich vorher jedoch nicht erinnert hatte.

Beispiele –

– danach komme ich auf eine Wiese am Flussrand (seinerzeit lange am Flussufer entlanggeflogen, Schiffe gesehen, hinterher unangenehme Begegnung auf einer Wiese nach besseren Erwartungen), aber es geht am Rand so steil hinunter, dass ich mich nicht ganz hinaustraue –

– oder –

– einer von ihnen beschwert sich bei mir, nachdem sich die Schlange verlaufen hat, dass der Vorhüpfer seine Arbeit schlecht gemacht habe, nachlässig vorgehüpft sei (stundenlanges Durch-die-Straße-Fahren auf einer hügeligen Siedlung mit Einfamilienhäusern, später auch der Treff an der breiten Straße unten am Hügel, schon nachts und viel zu spät), aber wir sollen los –

– oder –

– ein Löwe springt auf eine Wiese, aber ich weiß, dass er nichts tut, und in dem Moment, in dem zwei Typen in einem klapprigen VW vorbeikommen, verwandelt der sich in einen Mercedes (die langen Spaziergänge an Waldrändern vorbei, wo immer, wenn wir glaubten, es sei zu Ende, ein neuer, langer Waldrand kam oder eine Schneise); sie steigen aus und wollen den Mercedes nehmen und ich fürchte, dass der Löwe sich genau in dem Moment, in dem sie einsteigen wollen, wieder zurückverwandelt und sie frisst –

– ein weiterer Hinweis für die verschiedenen Darstellungsmöglichkeiten derselben Sache. Der Umstand, dass der überraschend erinnerte Traum vermutlich nun erst erinnert wird, kann nur damit erklärt werden, dass seine Stimmung so identisch mit der aktuell beschriebenen ist, dass er sich ins Bewusstsein drängte. Gleich und gleich gesellt sich gern. Das Sich-an-einen-Traum-Erinnern kann zu einem eigenen, neuen Traum werden, dazwischen erscheinen Halluzinationen, die im Bewussten erlebt werden. Man kann sich in die Traumerinnerung reinschrauben, in den Traum fallen, so dass einem schwindlig wird. Aber so sehr man dazu Gesetze braucht, so sehr muss man sie auch brechen: man kann Träume auch jeweils einen Tag später morgens, wenn man noch ganz verschlafen ist, aufschreiben. Man muss die Feste feiern, wie sie fallen, man kann die Erinnerung nicht zwingen, man muss ein Gespür für sie entwickeln und dem gegebenenfalls nachgehen. Wenn kurz vor dem Einschlafen eine Traumerinnerung kommt, muss man sich eben aufraffen, sie auch zu notieren.

Es stimmt nicht, dass Kämmen, Zähneputzen, Frühstücken die Träume als solche vertreiben, nicht mal kaltes Wasser ins Gesicht vermag das automatisch – aber irgendwann am Morgen, Vormittag oder sogar Tag ist es eine Winzigkeit, der Anblick eines vor dem Fenster vorbeiwischenden Vogels, der sie zu löschen scheint, ein heimliches Zauberwort, das sie hinunterfallen lässt – ein unsittliches leichtes Schaben, das sie wegkratzt. So wie die alltäglichen kleinen Dinge die Träume vertreiben – und wenn es nur der Anblick des Zimmers ist – so vertreiben sie auch die Vorstellung vom Reich der Freiheit.

In Traumbeschreibungen sollte nie von Aufwachen die Rede sein, nie die Tatsache, dass man träumt, erwähnt werden – außer man träumt es –, weil die Erwähnung der wachen Realität die Suggestion der geträumten platzen lässt:

– ich wache auf und mache Notizen von dem Geträumten, da ich unsicher bin, ob ich nicht träume; vor allem ein Wort ist wichtig, das ich in Großbuchstaben notiert habe – ELAU – schreibe es noch einmal auf einen zweiten Zettel, merke jetzt aber ganz deutlich, dass ich tatsächlich wach bin und schreibe, spüre, dass meine Körperlichkeit geradezu in Absetzung des ersten Zettels spürbar ist, dessen reale Existenz dadurch aber auch bestätigt wird, was mich sehr befriedigt –

– Walter Benjamin berichtet: »Eine Volksüberlieferung warnt, Träume am Morgen nüchtern zu erzählen. Der Erwachte bleibt in diesem Zustand in der Tat noch im Bannkreis des Traums.«[56] Dieser Bannkreis führt dazu, dass selbst die verrücktesten Träume im Moment des Träumens und auch kurz danach noch völlig selbstverständlich und normal wirken, nicht der Rede – in diesem Fall des Aufschreibens – wert, Teil ihrer Versteckspielstrategie. Auch Freud schreibt von dieser Erfahrung: »ja ich möchte behaupten, die Deutung ging so lange Zeit später leichter vor sich als damals, solange die Träume frische Erlebnisse waren«[57], was er allerdings mit der Überwindung innerer Widerstände erklärt.

Man kann das Aufschreiben des Traumes über den ganzen Tag ziehen, durchaus ganz konkret immer wieder einen Teil aufschreiben, um sein Gefühl und damit die therapeutische Wirkung zu verstärken, zu verlängern, zu erhöhen.

Für mich als Schriftsteller sind die Tagesreste und anderen Quellen besonders interessant, aus denen sich die Träume zusammensetzen. Ich versuche, die Technik des Assoziierens zu übernehmen, und bewundere jedesmal aufs Neue die Raffinesse der Werkmeister beim Vermischen zum Beispiel von Kindheitserinnerungen mit Ereignissen des vergangenen Tages; sie inspirieren die Kreativität. Es ist beglückend, wenn tagsüber plötzlich dem Traum Impulse gebende Situationen, Eindrücke, gar ganz konkret Musik, als Erinnerung aus dem Traum unvermittelt auftauchen. Dann weht der Traum vorbei, streift sanft.

›Tagesrest‹ und andere Erinnerungen, die den Traum gespeist haben könnten, machen das Leben über den Traum hinaus zur Kunstvorlage.

56 Benjamin, Walter: »Einbahnstraße«. Frankfurt a. M.: Suhrkamp, 1972, S. 8.
57 Freud, Sigmund: »Die Traumdeutung«, S. 513.

Nach der Lektüre einer von Stefan Zweig genial beschriebenen schönen gereiften Frau, die so intensiv war, dass ich das Rascheln ihres Kleides hörte, konnte ich mich am nächsten Tag zwar kaum an den Traum selbst erinnern, es ging um Medizin für Kinder, aber hatte eine präzise Empfindung: exakt dieselbe, die ich gehabt hatte, als ich das Rascheln des Kleides der Schönen gehört hatte. Die Schöne hatte ein kränkelndes Kind, meines war auch gerade krank, also hatte der Werkmeister wieder einmal vorgemacht, wie man Kunst aus scheinbar nicht zusammenpassenden Elementen macht. Als Schriftsteller interessiert mich nicht, was eine Situation – angeblich – bedeutet, sondern, woher ich sie habe, von welchem Tagesrest oder aus welcher älteren Quelle. Ich bin immer wieder fasziniert, aus der Zusammensetzung welcher disparaten, unerwarteten, scheinbar unpassenden Elemente die Werkmeister des Traums Kunstwerke schaffen, deren Spannung durch das Maß des Disparatseins erzeugt wird.

In Traumaufzeichnungen sollte es keine beendeten Sätze geben, keinen Punkt; wenn Traumnotizen mit Gedankenstrichen gemacht werden, Brücken, auf denen alles Verbindende sich unsichtbar tummelt, spiegeln sie das Fließende des Traums wider, vermitteln sie den Strom ohne Anfang und ohne Ende, den jeder Traum darstellt –

Träume, um es zusammenzufassen:
– *denn wir unterhalten uns mit einer unsichtbaren Frau –*
– sind die Einheit von Bewusstem und Unbewusstem:
– *die Kinder von Bosana wollen in die Nato, Pfeilschießen lernen –*
– Traumerinnerung ist der Anker des Bewusstseins im Unbewussten, das Standbein des Bewussten im Unbewussten, ist die Verbindung von Kopf und Bauch, in ihr lebt das Unbewusste:
– *ich drehe einen Krimi in einer Burg, wo ich meinen Mantel abgegeben habe, da kommen drei Männer herein, nackte Krieger, und eine Frau mit Hut, die einen dicken blinden Mann begleitet –*
– Träume vereinen Politik und Kunst:
– *ein Live-Rundfunkinterview mit meiner Mutter, die von furchtbaren Zuständen in einem Flüchtlingslager berichtet, ich sehe sie von hinten, wie sie am Tisch sitzt und zögernd ins Mikro spricht, zurückhaltend, weswegen ich sie flüsternd anfeuere, sie wird davon agitiert und wird richtig*

schwer emotional, steigert sich rein, schreit ins Mikro, wie furchtbar dort alles ist –

– Träume können nicht lügen, aber die Lüge kommt vom Traum. Die andere Wahrheit. Ich bin davon überzeugt, dass Kinder erst zu lügen anfangen, wenn sie sich bewusst an Träume erinnern können, weil sie erfahren haben, dass es eine andere Welt gibt, die genauso wahr ist wie diese:

– Fips allerdings flieht vor den Bullen in dem Haus, kann fliegen und gerät in einem umgebauten Badezimmer in eine Falle, aus der er nicht rauskommt und in der der Kommissar auf ihn wartet –

– Der Paranoiker tut alles, um sich in die Situation zu bringen, vor der er Angst hat, wie sich auch in Angstträumen die Angst erfüllt. Träume sind Reinigung:

– Citroën braucht nicht Manager, sondern Priester! –

– Träume repräsentieren allgemeinmenschliche Werte:

– als Mitglied einer Gerechtigkeitsgruppe beteilige ich mich an einer Bestrafungsaktion: Wir stellen uns zu dritt am Straßenrand mit unseren MPs auf und warten, bis ein Kleinbus hält, aus dem ahnungslose Verbrecher steigen, die sofort niedergemetzelt werden – so sehr ich dahinterstand, bekomme ich doch sofort ein schlechtes Gewissen und denke: ›Worauf hast du dich denn jetzt schon wieder eingelassen‹ –

– Träume sind Generatoren des Selbstbewusstseins:

– Batoma und ich sind im Weltraum unterwegs, in einem Kellergeschoss eines riesigen Gebäudes auf einem fremden Stern, es gibt keine Menschen, es gibt niemanden, es gibt nur sie und mich; wir schlafen in einem Bett, aber sie zieht aus in ein anderes Bett und ich liege alleine da und versuche, mich durch Singen bei Laune zu halten, frage mich, was ist, wenn irgendjemand das hört, und ob ich dann irgendwelche Gestalten dieses Planeten sehen werde, ob die dann gut oder schlecht sind, und dass ich dann auf jeden Fall keine Angst haben darf –

– Träume sind die gleichwertige Verbindung von physischen und psychischen Impulsen. Weder »Leibreize« beziehungsweise »somatische Quellen« noch Emotionen und Denken dominieren, sonst könnte man sich nicht erinnern. Träume zeigen, was sich hinter dem blinden Fleck verbirgt:

– stelle aber oben auf der Leiter fest, dass sie nicht weiterführt, dafür einen gigantischen Ausblick bietet, unendlich weit über Berge, Täler, Seen, saftig

grüne Wiesen, dunkel, aber angenehm, irrsinnige Schluchten, Felsen, weswegen wohl auch nebendran die Spitze einer Leiter zu sehen ist, auf der Touristen das ganze Szenario betrachten, es ist eine traumhafte Aussicht von diesem Hochplateau aus über das ganze Land mit Schluchten und Tälern und Seen, überwältigend mit ganz klarer Sicht, obwohl es schon Abenddämmerung ist –

– sind eine Chance, die nicht nur nicht wahrgenommen wird, sondern die mit dem »Träume sind Schäume«-Bewusstsein zunichte gemacht wird. Selber schuld, könnte man sagen:

– Kästchen und Betonteile als Gedanken, dargereichte Stücke, die Sätze sind, mit höflicher Distanz auf Händen präsentierte Teile, die etwas ausdrücken, was ich nicht in Worte fassen kann, aber genau verstehe, exakt empfinde, und was sehr wichtig ist, elementare Erkenntnisse darstellt, ich suche hektisch Papier, finde einen Fetzen völlig zerknüllt, frage Vorbeifliehende nach einem Kugelschreiber, bekomme einen und kauere mich in eine Bucht, um das Nötigste aufzuschreiben, was auf dem zerknüllten Papier schwierig ist, weil der Kugelschreiber nicht fasst, ich merke, dass ich dabei bin, wichtige Details, die wichtigsten und spannendsten überhaupt, zu vergessen, und bin ganz verzweifelt deswegen, spüre, wie es mir entgleitet –

– Träume zügeln das Tier im Menschen:

– wir überlegen, in dem Geheimraum Geheimversammlungen zu machen, aber irgendjemand sagt: »Erst kommt die Maus, dann kommt der Mörder und dann auch noch die Bullen«; lohnt sich also nicht –

– Träume sind Ausdruck des Zeitgeists:

– der Kommissar ist da, ich muss durch eine Seuchenschleuse und sieben Jahre Seuchenquarantäne –

– haben etwas Versöhnendes:

– die Frau mit den langen schwarzen Haaren fragt, wieso wir solchen Anteil an ihrer Lebensgeschichte nehmen, und ein gewisses Vertrauen entsteht, aber ihr Mann darf nicht sehen, wie sich unsere Hände berühren, denn es wird jetzt ernst, weiter oben kommt an einer Gabelung ein Wagen an und zwei Männer steigen aus, es werden vor dem Haus Gewehre verteilt und verschiedene Bewegungen finden in und auf einer Wasserinsellandschaft, vielleicht ist sie künstlich, statt, aber es darf nichts doppelt passieren; zum Schluss hebt einer mit einem Astkran über einen ganzen

Halbkreis einen Tiger in unsere Nähe, lässt ihn aber dann ins Wasser fallen –

– Träume sind die Vollendung absoluter Individualität und Einmaligkeit und dadurch geeignet, das Allgemeine als Besonderes darzustellen, was Kunst erst zu Kunst macht:

– mein Vater lebt, liegt in einem Krankenbett, erschöpft, aber lebendig, ich freue mich so, dass ich der Frage nicht nachgehe, was die letzten sechsundvierzig Jahre los war, er sieht alt, aber glücklich aus, muss ja über neunzig sein jetzt, und ich lege mich zu ihm aufs Bett und sage, dass ich schon dreiundfünfzig bin, acht Jahre älter als er, als er starb –

– Überfluss, Verschwendung, grenzenloser Reichtum – Träume gehören nicht in diese Welt, sondern die Welt gehört in sie, sie wollen die Welt nach ihrem Vorbild schaffen:

– Kleinanzeigen auf Bergen, in riesigen Lettern in den Fels gehauen, kilometerweit sichtbar –

– Träume sind das zweite Ich:

– ich fliege ziemlich hoch, allerdings oft sehr nah an den Elektrodrähten und ich kann noch nicht so gut steuern, dabei will ich in die USA, schwebe eher lustlos durch die Lüfte, komme schließlich unter einer breiten Brücke durch, unter der Angler stehen, und denke: ›keiner sieht mich, weil es keiner glaubt, dass ich fliegen kann‹ –

– sind uferlos – drücken das allgemein Menschliche aus, das alle Menschen Betreffende:

– und als wir aussteigen und bei einem wunderschönen Park sind, mit hohen Bäumen, auch Fichten etc., in dem buntgekleidete Menschen beim Picknick sitzen, sehe ich plötzlich drei tote Hunde, die mal wieder keiner wegräumt, aber etwas daneben plötzlich auch Leichen, vier, fünf, sechs tote Menschen, von Fliegen umschwärmt, die genauso liegen gelassen werden, von niemandem beachtet, als ob die Leute sie gar nicht sähen, daneben die fröhlichen Picknicker –

– Träume sind wie Kinder: Man kann unzufrieden mit ihnen sein oder stolz auf sie. Saint-John Perse meint, »der Traum, unsere Erstgeburt«[58]. Träume haben unscharfe Ränder, wie in Wachs geritzt, verschieden stark, oder mit Säure in eine weichfeste Masse geätzt, an den Rändern auslaufend:

58 Perse, Saint-John: »Anabasis«. München: Heimran, 1978, ohne Seitenangabe.

– wir kommen in einem unterwasserliegenden, in einen See gebauten Dorf an, über der Mitte des Dorfplatzes hängt eine große Lampe, ich sage: »Auch nicht weniger langweilig als bei uns« (ich wohne in einem fast genau gleichen Dorf, nur ohne Wasser); neben der Kirche ist ein Kino, ich sage, dass das keine Konkurrenz für die Kirche sei; ein Mann sagt, er wolle Zarathustra sehen, hinter ihm hängen Filmplakate von den Nibelungen im kitschigsten Fünfzigerjahre-Stil, falsche überbunte Farben, kolorierte Fotos buntbemalt, ein übergroßer Siegfried in einem bunten Ketten- und Plättchenpanzer, an dessen Arm immer kleiner werdende, ähnlich gekleidete Menschen hängen, darunter eine grellblonde Kriemhild mit weit aufgerissenen, staunend-furchtsamen Augen; das Kino ist zu und außer demjenigen, der Zarathustra sehen will, kein potenzieller Zuschauer da –

– Träume taumeln, laufen wie ein untergründiges unaufhaltsames Laufband unbeirrt weiter, lappen in den Tag – werden von ihm aufgeleckt – sind am schönsten; wenn man in ihnen etwas wiedererkennt, das es nicht gibt: jedes Kunstwerk ist ein Geheimnis, selbst der Künstler weiß nicht, was er tut. Das gilt auch für Träume, in denen man sich an etwas erinnert, das es nicht gibt, das man nie gesehen oder erlebt hat:

– ich suche meinen alten Opel, Baujahr 1934, finde ihn aber nicht, weiß aber sicher, dass es ihn gibt –

– Träume, die aufgeschrieben werden, legen sich flach – wirken umso banaler, je jünger sie sind. Da im Traum die absurdesten Vorgänge selbstverständlich sind, wirkt diese Haltung noch im Wachen nach, solange die Traumstimmung noch virulent ist. Erst aus der Distanz erscheint die Darstellung klar:

– danach mit dem Hubschrauber weiter in einen Küstenknast, in dem wir letztlich uns selbst als Geiseln nehmen wollen, indem wir außerhalb der Fenster über dem Meer auf Stangen schweben, bis unsere Forderungen erfüllt werden –

– und vollends kommen sie im isolierten Auszug zur Geltung:

– Massenausbruch von Gefangenen –

– Träume sagen nicht, was man machen soll oder wie, sondern, dass man etwas machen kann. Sie geben keine Handlungsanleitung, sie zeigen nur die Möglichkeit zu handeln. Wenn alle gleich wert sind, ist ein Unglück entschärft, relativiert. Träume sind der größte geistige Reichtum, den die Menschen haben, deswegen ist es so bedauerlich, wenn man sich nicht

daran erinnern kann. Sie sind der Inbegriff der Verschwendung in jeder Hinsicht, sie verlangsamen und vereinfachen die noch viel schnelleren und komplizierteren Bewusstseinsbildungsprozesse, erscheinen uns dabei schnell und wirr, weil sie näher an den wirklichen Prozessen sind als an unserer primitiven Rationalität. Vielleicht ist eine Erweiterung des Begriffs der Rationalität notwendig, um Träume begreifen zu können:
– die Bullen überfallen eine Kneipe, um dort Verbrecher zu erwarten, die sie für Kollegen halten, es ist eine groß angelegte Aktion, die choreografisch durchgeführt wird, teilweise in Zeitlupe, und bei der vor allem Beziehungen zerstört werden, vor allem die eines alten Paares, das dadurch auseinandergerissen wird, sich plötzlich gegenseitig misstraut, in schwarzgelben Kostümen wie gezeichnet einander gegenübersteht und in dieser Haltung erstarrt –
– wenn man aber um diesen Zusammenhang weiß, kann man sie als Hilfe zur Erkenntnis dieser Prozesse nehmen. Träume sind humorlos – umso komischer, wenn man sich an sie wach erinnert, teilweise gerade wegen ihrer Ernsthaftigkeit zum Lachen. Buster Keaton hat das in der Kunst ausgeführt: Witziges ist dann am komischsten, wenn es ernst daherkommt. Träume sind in dieser einen Hinsicht sehr wohl Schäume, Konzentrat der oben schwimmenden schaumigen Fettschicht-Essenz der Suppe:
– ich erkläre mit zwingender Überzeugungskraft lang und breit, warum ich inzwischen gegen Abtreibung bin –
– Träume bleiben zu neunundneunzig Prozent unbewusst. Freud hat nur die hauchdünne Oberfläche, die Spitze des Eisbergs sichtbar gemacht, darin die Funktionsweise, Struktur und Technik entdeckt. Das war der erste wirkliche Kratzer am Panzer der Traumkolosse. Träume sind das jedem gegebene Bewusstsein der unmittelbaren Verwirklichung des Gewünschten – Träume sind zeitlos –, jeder Traum könnte aus der letzten Nacht gewesen sein, selbst wenn er Jahre her ist. Man kann am Morgen die Erinnerung an den Traum der vorletzten Nacht haben, obwohl in der letzten Nacht auch geträumt. Die Erinnerung an einen Traum kann nach Jahren präsent sein wie aus der letzten Nacht: Die Sehnsucht, die Zeit überwinden zu können, stammt vom Traum. Träume sind das Vorbild von Wundern:
– weswegen ich befriedigt weiterfahren will, dann aber mit einem Blick zur Seite feststelle, dass der kleine Ast die riesige Tür rausgerissen hat –
– Träume sind Umwälzanlagen:

– aber da klingelt das Telefon und die Meldung, dass zweihundert Elefanten den Panjab stürmen, kommt durch, allein der Guru, mit meiner Hilfe, kann sie aufhalten, weshalb großes Durcheinander herrscht, wir dann losrennen, über einen vereisten Fluss, der prompt aufbricht und woraufhin wir von Scholle zu Scholle springen müssen –

– sind insofern ›Vorhersagen‹, als sie für Richtungen öffnen. Träume sind Kaugummi der Seele:

– und der Löwe folgt mir, ohne mich anzugreifen, verwandelt sich allerdings auf der Straße in ein untertassengroßes, fast flaches, zitterndes Scheibchen –

– Träume sind subrealistische Gesamtkunstwerke:

– es gibt Phasen, in denen das, was ich gesungen habe, in kleinen weißen Quadraten auftaucht –

– sind eine Schatzkiste wie im Märchen:

– und ich bewundere die Schenkel einer Frau, übereinandergeschlagen und nackt, schön fest –

– geben keine ›Zeichen‹, sondern Warnungen:

– dabei werden die Kinder heute nur noch per Besamung hergestellt, jedenfalls fast nur noch, kaum jemand macht es noch direkt –

– Träume sind eben nicht nur Wunschträume, sondern die sinnlich gemachte Erfahrung, dass es das Ersehnte tatsächlich gibt. Sie sind sicher auch Ausdruck des Wunsches danach, aber damit vor allem Ausdruck davon, dass das Ersehnte noch nicht verwirklicht ist. Wer eine Frau im Traum küsst, wird es wach auch versuchen:

– inzwischen ist der blutende Nebenbuhler nackt in der Badewanne und der Rächer sitzt davor, auch sie kommt und will den Nebenbuhler küssen –

– Träume sind der permanente Beweis dafür, dass jeder Mensch die geistigen Fähigkeiten hat, alles zu begreifen und zu verbinden:

– draußen auf der Leopoldstraße will ich in einem von Lehmhügeln überwölbten Gelände ein Ei kaufen, ich habe ein Zwei-Mark-Stück, der Mann im Mantel gibt mit einer Nagelfeile raus, die viel mehr wert ist, verfolgt mich aber, stumm höhnend, so dass ich zu spät zum Drehen komme –

– Träume sieben, sortieren – Träume sind symmetrisch und asymmetrisch zugleich, die Aufhebung der Widersprüche – sind Spiegel, sie zeigen die Wirklichkeit seitenverkehrt:

– sich verbeißende Hunde auf einem großen Platz, von dem aus eine gigantische Zahnradbahn – allerdings auch nicht mehr die Neueste – auf

die Kirchturmspitze führt, in Bogen, mit Weichen und Wellen wie eine Achterbahn –

– sind der Ausdruck davon, dass jeder Mensch als Weltenschöpfer Gott ist: »O ein Gott ist der Mensch, wenn er träumt«[59] (Friedrich Hölderlin) – sind subversiv, unmittelbar staatsfeindlich, gegen herrschende Formen gerichtet. Eine der wichtigsten Ursachen, warum sie als ›Schäume‹ verharmlost werden: Träume sind der Ausdruck davon, dass jeder Mensch ein Genie sein könnte, wenn ihn die herrschenden Verhältnisse nicht daran hinderten. Ich träumte von einem:

– Musikstück mit drei Percussionisten, das, abgesehen davon, dass es wahnsinnig schön ist, einen dermaßen komplizierten, Syncopen-verschachtelten Rhythmus hat, wie ich ihn niemals hinkriegen würde, wenn ich ihn tatsächlich spielen müsste –

Träume sind das soziale Gewissen der Menschen – sind Teilhabe an der Endlosigkeit, Ausschnitte daraus, sie haben kein Ende und keinen Anfang –

Im Traum –

– erst durch das zur Ruine gewordene Parkhaus, teilweise Einsturzgefahr; dann Elisabeth telefonierend; dann das Fernsehteam von hinten, die Massen filmend, Königin Elisabeth fährt vorbei –

– sind alle Menschen gleich wert:

– »Hier, wo goldenes Wasser gestern mir hörte« –

– gibt es keine Gewinner oder Verlierer:

– eine Cruise-Missile kommt angeflogen, rot-weiß gestreift, und landet im Garten, fleddert bis kurz vor das Fenster und bleibt liegen –

– einschlafen führt dazu, dass man aufwacht. Im Traum ist Geld nur Spielzeug:

– und außerdem eine Frau, eine berühmte Künstlerin, die im Geld badet, und dazu Gedichte schreibt, in Münzen, was fast so aussieht, als holte sie sich dabei einen runter, denn sie zieht die Münzen immer zwischen ihren geöffneten Beinen an ihrer Vulva hoch und bäumt sich dabei ein wenig auf; sie ist nackt, ihr Gesicht ist nicht zu sehen und auch das meiste ihres Körpers mit Geldmünzen bedeckt, und reimend lässt sie sich darüber aus, wie sie

59 Hölderlin, Friedrich: »Hyperion oder der Eremit in Griechenland«. Frankfurt a. M., Stroemfeld/Roter Stern, 1975. Erstes Buch; Zweiter Brief.

das Geld liebt, wie gut das Geld ist, wenn sie darin badet, und es reimt sich wirklich sehr gut, hat Rhythmus –
– sind zum Beispiel Kleider bis ins letzte Detail genauer zu sehen, als man sie im Wachen sieht – welcher Reichtum! Welche problem- und folgenlose Verschwendung! Im Traum fliegen und denken: ›Siehste, man kann eben doch in echt fliegen, und nicht nur im Traum‹, ist ein Beweis dafür, dass der Traum immer eine Umdrehung weiter ist als die wache Realität –

Der Traum vermittelt keine Inhalte, sondern Haltungen:
– bin zum Tode durch Hängen verurteilt, in einem Raum werden alle möglichen Vorbereitungen getroffen; ich habe keine direkte Angst oder Traurigkeit, sondern bin eher genervt von dem ganzen Theater –
– ein vom Wecker abgebrochener Traum ist wie ein Coitus interruptus:
– worauf sie antwortet: »Ja, damit wir nachher miteinander ins Bett gehen können!« und geht wieder, alle lachen, weil es zwar ironisch gesagt wurde, aber eindeutig ernst gemeint war –
– wie man träumt, so tagt man:
– der Schwur wird vorbereitet und ich setze mich mit ein paar Leuten an einen Tisch –
– »Gott träumt die Welt«:
– fahren hinter einer dicken malischen Polizistin her, die von vier Polizisten auf einem ziemlich langen Brett getragen wird, sie hat kaputte Beine und hält sich mit beiden Händen an dem wackligen Brett fest –
– der Surrealismus geht, die Träume bleiben:
– heute klappt es oder nie, sozusagen heute gibt es Freiheit oder Tod, aber zwei Hühner wurden schon gegessen und es besteht der Verdacht, dass ich damit etwas zu tun habe –
– die eigenen Geschichten nachträumen:
– muss mir selber die Nadel für die Infusion in die Ader schieben –
– die schönsten Träume sind die, in denen man etwas wiedererkennt, das es gar nicht gibt:
– aus dem wir einen Ausbruch planen – heute soll der dritte Versuch starten, nachdem die beiden ersten beinahe geklappt haben, nur ganz knapp gescheitert sind –

– man lebt viele Leben, wenn man träumt, man lebt unzählige Leben mehr als dieses eine, jede Nacht erschafft man die ganze Welt neu, jedesmal verschieden:

– auf einem Weltraumbahnhof, von wo aus Fahrten mit kleinen, fast autoartigen Raketchen ins All organisiert werden –

– das Unverständliche an den Träumen ist das, was, verstanden, der Blick auf die Welt wäre, mit dem man sie verstehen, und damit anders in ihr leben könnte, der sichtbar gewordene blinde Fleck:

– die eigentlich ganz vertraute Ansprache an die Meeresbewohner ist – heute, im Moment – nicht möglich, man kann dem nicht folgen jetzt gerade, obwohl es das Normalste auf der Welt war –

– nicht die Träume sind gut oder schlecht, sondern der Umgang mit ihnen:

– der Bauwagen ist irgendwie festgeklebt an der Straße, und man sieht das auch wie in einer Illustrierten, ein gutes altes Luftschiff, es klebt an der Straße, wie festgewurzelt –

– Träume sind eine Möglichkeit:

– vorher noch zu einer Veranstaltung, zu der ich mit Freud und anderen eine breite Außentreppe hochgehe –

– Traum scheint unnötig, ist es aber nicht; genauso verhält es sich mit seinem Kind, der Kunst:

– aber die sagen sofort: »Nein! Nicht darüber reden!«, auch die Frau, die das erfunden hat, will nicht, dass darüber geredet wird –

Die Menschen sind zwar alle verschieden:

– nachdem ich eine Schüssel Nudelsuppe, ein halbes Hähnchen in Soße und Kartoffeln und zum Nachtisch Ananas gegessen habe und vor Vollgefressenheit kaum Papp sagen kann –

– aber sie ticken alle gleich:

– dicke Scheiben Nussschinken pur und aus der Pfanne Leberkäse mit doppelt Spiegelei drauf –

– die Suche nach der Botschaft des Traums ist analog zur Suche nach dem Sinn des Lebens genauso sinnlos wie einfach zu beantworten:

– wobei der Turm ziemlich schwankt, ziemlich stark schwankt, sich dreht wie ein Fernsehturm, wenn ich runtergucke, wird es mir schon schwindlig –

– der Sinn des Lebens ist die Sinnlichkeit, die Botschaft des Traums die Empfindung, die er auslöst:

– er springt mit einer gleichzeitigen Drehung um sich selbst von einem Garagendach herunter und landet punktgenau auf einem schmalen Gang zwischen der Garage und einem Betonmäuerchen –

– der Traum bewegt sich in der Schnittstelle zwischen Bewusstem und Unbewusstem:

– da kommt Hans Korte mit einer Delegation die Treppe hoch –

– insofern ist der Traum das Modell für die Ausgeglichenheit zwischen Bewusstem und Unbewusstem:

– Konferenz mit Musik in Bamako, wunderbare Verständigung und Stimmung zwischen allen, zukunftsoptimistisch, voller Gewissheit, wie alles kommen wird –

– das Bewusste setzt direkte oder indirekte Gewalt zur Durchsetzung individueller Interessen ein, das Unbewusste kann keine Gewalt anwenden, sie spiegelt diese Gewalt im Traum als Leid, als Verletzung des sozialen Selbstverständnisses des Traums:

– ich freue mich wie verrückt, die anderen auch, jubilierend laufe ich im Rund und durch die Halle, alle springen und tanzen, einer kommt in einem kleinen VW-artigen Auto, andere laufen auf dem seitlichen Podest, es ist ein wunderbares, zweckfreies Glück –

– im Bewusstsein agiert destruktive Konkurrenz gegen andere Menschen, um einen Vorteil zu erringen, im Unbewussten konstruktive Konkurrenz mit anderen Menschen, um das beste Ergebnis zu erringen:

– wir sehen ein Schiff, ein großes Segelboot, in einen Wald hineingleiten und schauen nach, was das soll: im Wald ist eine Schienenvorrichtung, die das Schiff aufnimmt, reinzieht, abtakelt und halb auseinandernimmt –

– das Erlernen der Ausgeglichenheit zwischen Bewusstem und Unbewusstem ist die Voraussetzung für ausgeglichene menschliche Verhältnisse:

– ich nehme immer neu Anlauf –

Das ist das Ziel der Politik des Traums.

Nachwort

Der Traum ist der präziseste Ausdruck der menschlichen Individualität – zugleich spiegelt er die soziale Bedingtheit des Menschen; er äußert sich individuell *und* kollektiv. Die Politik des Traums ist emanzipatorisch, weil sie sozial ist, sie besteht im Einfluss der utopischen Disposition im Menschen auf den Menschen. Sie vereint Mittel und Zweck: die Stärkung der Souveränität des Einzelnen schafft die Voraussetzung zur Verwirklichung der ausgeglichenen Gesellschaft, die der Traum vorstellt. Wunschträume sind immer auch soziale Wunschträume, sie drücken die Sehnsucht nach einer menschenwürdigen Gesellschaft aus.

Die Politik des Traums unterscheidet sich von herkömmlicher Politik dadurch, dass in ihr Subjekt und Objekt zusammenfallen; sie ist das Gegenteil von Massenpolitik, kommt nur individuell zur Geltung.

Die Politik des Traums ist die einzige Politik, die ausschließlich von jedem Menschen selbst bestimmt wird, und nicht von Alphatieren, Ideologien oder Religionen; sie ist die einzige Politik ohne Parteiprogramm, Heilslehre, Führer, Guru oder sonstigem Vorsteher: Träume werden von jedem Menschen selbst gestaltet, sie folgen keiner Fahne, laufen niemandem hinterher.

Um die Politik des Traums wirksam werden zu lassen, empfiehlt es sich, die eigenen Träume ernst zu nehmen, ihnen ihre Freiheit zu lassen, sie sich auch im Wachen entfalten zu lassen, zu beobachten und zu reflektieren, was sie bei einem selbst bewirken. Um die Politik des Traums nutzen zu können, bedarf es des Vertrauens ins Unbewusste. Hierarchie des Bewussten schränkt die Potenziale des Unbewussten ein und vice versa.

Die Politik des Traums agiert schon immer so und ist, selbst wenn sie unbewusst bleibt, die Erklärung dafür, warum die Menschen die Hoffnung nicht verlieren – nicht ›drüber schlafen‹, ›drüber träumen‹ tut man.

Der Traum ist das soziale Korrektiv, ohne das die Menschen sich längst umgebracht hätten. Träume sind das soziale Gewissen des Menschen,

Rehabilitationskur der Identität, humanistische Erinnerung. Die Botschaft der Politik des Traums ist: »Hör auf deine eigene Botschaft.«

Damit wird die Politik des Kunstwerks Traum der Schlüssel zur Utopie: das Gesamtkunstwerk Traum stellt offen die höllische Realität und versteckt ihre himmlische Alternative dar.

Die Politik des Traums zielt darauf ab, diese Utopien der Individuen aufeinander abzustimmen.

Die unbewusst agierende Politik des Traums ist unter den herrschenden Verhältnissen der von bewusst gesteuerten Interessen geprägten Politik unterlegen. Dagegen stellt der Traum die *Haltung* richtigen Sozialverhaltens vor: das ist sein utopischer Charakter; jeder Traum fleht um Gnade für das Leben.

Der Traum negiert Herrschaft von Menschen über Menschen, er ist die konkrete Form des abstrakten Begriffs der Freiheit.

Die Politik des Traums steht für das Gegenteil von Macht, die Voraussetzung einer menschenwürdigen Gesellschaft.

Das Gesamtkunstwerk Traum ist ihr Mittel.

Literaturverzeichnis

Adorno, Theodor W.: »Minima Moralia«. In: Tiedemann, Rolf (Hrsg.): »Gesammelte Werke« Bd. 4. Frankfurt a. M.: Suhrkamp, 1980.

Buschhoff, Anne; Stein, Detlef (Hrsg.): »Hans Christian Andersen. Poet mit Feder und Schere – Katalog zur Ausstellung in der Kunsthalle Bremen 2018«. Bremen: Wienand Verlag, 2018.

Benjamin, Walter: »Über Haschisch«. Frankfurt a. M.: Suhrkamp, 2000.

Benjamin, Walter: »Der Sürrealismus. Die letzte Momentaufnahme der europäischen Intelligenz«. In: Tiedemann, Rolf; Schweppenhäuser, Hermann (Hrsg.): »Gesammelte Schriften« Bd. II.1. Frankfurt a. M.: Suhrkamp, ohne Jahresangabe, S. 295–310.

Benjamin, Walter: »Einbahnstraße«. Frankfurt a. M.: Suhrkamp, 1972.

Bloch, Ernst: »Das Prinzip Hoffnung« Bd. 1–3. Frankfurt a. M.: Suhrkamp, 1977–1985.

Freud, Sigmund: »Die Traumdeutung«. Frankfurt a. M.: Fischer, 1996.

Luxemburg, Rosa: »Die Russische Revolution«. In: Flechtheim, Ossip K. (Hrsg.): »Politische Schriften« Bd. 3. Frankfurt a. M.: Europäische Verlagsanstalt, 1968, S. 106–14.

Hölderlin, Friedrich: »Hyperion oder der Eremit in Griechenland«. Frankfurt a. M., Stroemfeld/Roter Stern, 1975.

Jouvet, Michel: »Die Nachtseite des Bewußtseins«. Reinbek: Rowohlt, 1994.

Kraus, Karl in »Die Fackel«, Heft 326, 1911.

Perse, Saint-John: »Anabasis«. München: Heimran, 1978.

Türcke, Christoph: »Philosophie des Traums«. München: Beck, 2008.

Wackernagel, Christof: »Jahreszeiten«. In: Lüdge, Martin (Hrsg.): »Bilder einer Ausstellung«. Reinbek: Rowohlt, 1986.

Wackernagel, Christof: »es. Traumtrilogie«. Springe: zu Klampen, 2020.

Wackernagel, Christof: »Traumprotokolle 1978–2020« Bd. 1–3. Springe: zu Klampen, 2020.

Zurfluh, Werner: »Quellen der Nacht«. Interlaken: Ansata Verlag, 1987.

Über den Autor

Christof Wackernagel, Jahrgang 1951, war von 1967 bis 1977 Schauspieler und Mitglied des Medienkollektivs »Produktionsgemeinschaft Schrift, Ton und Bild«. 1977 bis 1987 wurde er wegen bewaffneter Politik und Mitgliedschaft in der RAF inhaftiert. Für seine vorzeitige Haftentlassung setzte sich auch Hermann van Hoogen ein, der Polizist, der Wackernagel festgenommen hatte und der später sein Freund wurde. Seit 1987 ist Wackernagel wieder als Schauspieler und Autor tätig. Er wirkt in zahlreichen Kino- und Fernsehproduktionen mit. Buchveröffentlichungen u. a.: »Nadja. Erzählungen und Fragmente« (1984); »Bilder einer Ausstellung. Erzählungen« (1986); »Gadhafi läßt bitten. Reisenovelle« (2002); »Verlogen, dumm und unverschämt. Essays« (2015); sowie Hörspiele und Theaterstücke und Beiträge zu Anthologien. Bei zu Klampen veröffentlichte er »Gadhafi läßt bitten« (2002), »es. Traumtrilogie« (2011), »RAF oder Hollywood« (2017) und »Reden statt schießen« (2019). Er ist Initiator der Kulturkarawane »Humanity's Ark«. Christof Wackernagel im Internet: http://www.christofwackernagel.de

Christof Wackernagel

Traumprotokolle

1978–2020. Band 1–3

Je ca. 950 Seiten, 14,8 x 21 cm, Paperback

ISBN Band 1 978-3-86674-621-3
Band 2 978-3-86674-622-0
Band 3 978-3-86674-631-2

Auch als E-Book erhältlich

Traumprotokolle sind die Plots der Kunstwerke, nicht die Kunstwerke selbst. Der Traum ist das Kunstwerk.
Nach jahrelanger Beschäftigung mit den Träumen entdeckte Christof Wackernagel das revolutionäre Potenzial des Traums. Er begab sich damit auf eine Forschungsreise ins Unbewusste, die in den Tiefen des individuellen Geistes begann und bis ins Herz der Gesellschaft führte. Nach über vierzig Jahren des Selbstexperiments legt er nun mit der Traumprotokollsammlung Texte vor, die den Zustand unserer Gesellschaft vor Augen führen, indem sie den Blick auf deren geträumtes Spiegelbild in einem individuellen Bewusstsein wagen.

Christof Wackernagel

es

Traumtrilogie

603 Seiten, Großformat 31 x 42 cm im Schuber
Hardcover, handgelumbeckt, Gewicht 4,5 kg
ISBN 978-3-86674-140-9

Die jüngere Geschichte der Bundesrepublik Deutschland als Traum, Halluzination und Tagtraum: Dieselben Geschehnisse werden in den drei verschiedenen Aggregatzuständen des Traumes dargestellt. Jeder ist in einer eigenen Spalte gesetzt, deren Absätze sich aufeinander beziehen. Die erste Spalte, die Basis des ganzen Buches, bilden Wackernagels Träume von 1979 bis 1994, In der zweiten und dritten Spalte wird das Traummaterial in Halluzinationen und Tagträume verwandelt: verdichtet, verschoben und vertauscht.

»Genialer Wurf und ungestümer Selbstversuch, der sich geradliniger Lesbarkeit verweigert.«

Tilman Jens in: »Das blaue Sofa«, ZDF

»Ein buchstäblich herausragendes Buch«

Frankfurter Neue Presse

»Das dickste, sicher wahnsinnigste Buch nicht nur dieses Jahres.«

Süddeutsche Zeitung

Christof Wackernagel

RAF oder Hollywood

Tagebuch einer gescheiterten Utopie

356 Seiten, 12,5 x 20,5 cm, Hardcover
ISBN 978-3-86674-558-2

Auch als E-Book erhältlich

»Alan Parker will mich für den Film ›Midnight Express‹, Hauptrolle, ich soll einen kiffenden Ami spielen.«
»Ist doch toll!«, rief Klaus. »Mach das! Damit schaffst Du Hollywood!«
Ich ließ meine Butterbrezel sinken und fragte: »Seit wann geht es um Hollywood – es geht um den Kampf um Befreiung!«

Christof Wackernagel ist seit seinem fünfzehnten Lebensjahr ein gefragter Schauspieler. 1977 hätte er die Möglichkeit gehabt, in einer internationalen Produktion mitzuwirken, doch er beschloss, sich stattdessen der RAF anzuschließen.

RAF oder Hollywood erzählt die Geschichte *vor* Wackernagels Zeit in der RAF. So ist das Buch zwar keine Autobiografie, Abrechnung oder Bitte um Absolution, aber dennoch eine autobiografisch vorgetragene Antwort auf die Frage, warum er sich dem bewaffneten Untergrund anschloss. Wackernagel berichtet aus der jeweiligen Zeit, was ihn beeinflusste und ihn seine Meinung bilden ließ, und gibt somit stets den damaligen Zeitgeist wieder.

»Sein sensibles Zeitgeistgemälde rührt an. ... Ohne aus heutiger Sicht zu verurteilen, will Wackernagel eine Vorstellung von dem geben, was eigentlich unerklärbar ist. Mit Erfolg.«

Christoph Huppert in: Neue Deister Zeitung

»Flott und unterhaltsam ... Wackernagel versteht es, diese Zeit vielstimmig zugänglich zu machen.«

Junge Welt